CAMINO A LAS ESTRELLAS

CAMINO A LAS ESTRELLAS

*Mi recorrido de Girl Scout
a ingeniera astronáutica*

SYLVIA ACEVEDO

TRADUCCIÓN DE
ISABEL C. MENDOZA

CLARION BOOKS
Houghton Mifflin Harcourt
Boston New York

Clarion Books
3 Park Avenue
New York, New York 10016

Clarion Books is an imprint of Houghton Mifflin Harcourt Publishing Company.

hmhco.com

The text was set in Janson MT Std.

Library of Congress Cataloging-in-Publication Data is available.
ISBN 978-1-328-53481-1 (Spanish edition hardcover)
ISBN 978-1-328-80957-5 (Spanish edition paperback)
ISBN 978-1-328-53484-2 (Spanish edition ebook)

Printed in the United States of America
DOC 10 9 8 7 6 5 4 3 2 1
4500722661

A mi madre,
Ofelia Monge Acevedo,
y a mi tía,
Angélica Monge

INTRODUCCIÓN

De niña, mi juguete favorito era un caleidoscopio. Desde el patio de mi casa, apuntando con él hacia la luna llena, observaba las figuras de colores que daban vueltas formando patrones que no volvían a repetirse jamás. Cuando me aburría de ver una combinación, solo tenía que girar el cilindro para que una nueva, completamente diferente, apareciera ante mis ojos. Luego bajaba el caleidoscopio y observaba la luna, que bañaba con su luz el desierto de Nuevo México, tan grande y tan baja que me daba la impresión de que podría caminar hasta ella y tocarla.

A veces los patrones que se formaban en mi caleidoscopio me recordaban los colores y las figuras de mi mundo: el vestido favorito de mi mami, una pila de libros de la biblioteca de mi papá, la cobija de la cuna de mi hermana Laura. Otras veces los patrones eran más abstractos, no se parecían a nada de lo que me rodeaba en mi vida cotidiana, pero eran hermosos de todas maneras. Ya mayor, de vez en cuando levantaba mi viejo juguete y me daba cuenta de que lo que entonces traían a mi mente los patrones coloridos era una estructura molecular o el esquema de un circuito eléctrico. Mi comprensión del mundo se había vuelto más sofisticada con los años. No era el caleidoscopio lo que había cambiado. Era yo.

He recorrido un largo camino desde aquellas noches en el patio de mi casa, bajo un manto de estrellas resplandecientes. Cuando estaba en la escuela primaria, la mayoría de las niñas que conocía soñaban con llegar a formar una familia y ser amas de casa. Pocas planeaban ir a la universidad o encontrar un trabajo que les encantara. Si se veían ganándose la vida, nunca era como mecánicas o ingenieras o científicas, pues para ellas, como para todo el mundo, estos eran trabajos de hombres.

Cuando cursaba segundo grado, sucedió algo que cambió mi vida: una compañera de clases me invitó a una actividad para niñas después de la escuela. Me encantó desde el momento en que llegué. El grupo se llamaba "Brownies" y me enteré de que pertenecía a una organización más grande llamada Girl Scouts.

Desde el comienzo, en Girl Scouts me enseñaron a organizar y planificar mi futuro. A través de los años, me enseñaron a entender la relación entre la cocina y la ciencia, entre vender galletas y administrar mi propio dinero. Lo más importante es que me alentaron a hacer realidad mi sueño de ir a la universidad y me enseñaron que puedo crear mis propias oportunidades.

Me gustaban las matemáticas y las ciencias, así que decidí estudiar ingeniería. Terminé trabajando como ingeniera astronáutica y para compañías de computación por la época en que nació la Internet. Monté mi propia empresa y, con el tiempo, llegué incluso a ser parte de una comisión presidencial con la cual asistí a muchas reuniones en la Casa Blanca. Allí conocí al presidente Obama y a secretarios de su gabinete, senadores, congresistas, generales y almirantes de las fuerzas armadas, así como a miembros de la Corte Suprema de Justicia. Ingresé a la junta directiva de Girl Scouts con la intención de ayudar a la organización que me había ayudado tanto *a mí*. Después, me ofrecieron el cargo de directora general.

Todo el tiempo les hablo a jóvenes como tú, que estás ahora leyendo estas palabras, y también los escucho. Sé que hoy todavía se les dice a los niños y adolescentes lo que *no pueden* hacer: a veces te dicen que no sirves para las matemáticas o para otras asignaturas difíciles, cuando en realidad lo único que necesitas es que te ayuden a entenderlas mejor. O te dicen que no puedes llegar a tener una carrera con la que te sientas realizado, cuando lo que necesitas es que te ayuden a solicitar ingreso a una universidad. Lo peor de todo es cuando crees que no tienes ninguna posibilidad de hacer realidad tus sueños, sin importar lo mucho que te esfuerces. Eso no es cierto. A veces necesitas un empujoncito para darte cuenta de lo que eres capaz y para ayudarte a asumir la responsabilidad de lograr tus aspiraciones. Espero que mi historia sirva para que algunos de ustedes sueñen en grande y hagan realidad esos sueños.

CAPÍTULO 1

Nací a la sombra del Monte Rushmore

Mi papá no era muy bueno contando historias. Le gustaban los hechos y la información. Si le preguntaban acerca de la Revolución Mexicana o sobre el punto de congelamiento del agua, podía hablar todo el día, y sonaba adulto e importante, como los hombres que dan las noticias en la televisión. Mi mami era la cuentista de la familia, siempre que el tema fuera la gente. Yo creía que ella conocía a todas las personas del mundo; quiénes eran sus familiares, de dónde venían, lo que hacían todo el día.

Sin embargo, mi papá se sabía una historia que siempre me encantaba escuchar.

—¡Papá, cuéntame la historia del hospital! —le rogaba

yo. A veces tenía que insistir un par de veces, pero siempre terminaba por levantar los ojos de su libro.

—El hospital —repetía con un tono de voz amable—. Pasaba por ahí todos los días, pero nunca había entrado. No estaba lejos de la Base de la Fuerza Aérea Ellsworth, donde vivíamos y donde yo estaba estacionado en Dakota del Sur, a menos de una hora del Monte Rushmore —comenzaba su narración.

Siempre empezaba hablándome de sus días en el ejército. Mi papá se sentía orgulloso de haber prestado servicio en el ejército, así que parte de su historia era acerca de cómo había ingresado a la institución después de la guerra de Corea, como teniente de la Artillería de Defensa Aérea.

—Tu hermano Mario ya tenía dos años —continuaba mi papá, llegando por fin a la parte importante de la historia. Cuando nos dimos cuenta de que el nuevo bebé estaba a punto de nacer, llevé a tu mami al hospital. Entramos todos, incluso Mario. La enfermera me dijo que a tu mami todavía le faltaba un buen rato para dar a luz, así que podía irme y regresar más tarde. Entonces me fui a casa, en la base, y dejé a Mario con un vecino. Cuando volví al hospital me dijeron que todavía iba a pasar un rato antes de que pudiera ver a tu madre.

En aquel tiempo, los padres se quedaban en la sala de espera mientras nacían sus bebés, y a los recién nacidos por lo general los llevaban a los cuneros, no los dejaban con sus madres. Pasó un largo rato antes de que una enfermera saliera a decirle a mi papá que mi mami estaba bien, pero que estaba dormida. También le dijo que ya podía ver a su bebé.

Cuando mi papá llegó a los cuneros, miró a través de una gran ventana y vio filas de cunas de metal con ventanas laterales de plástico transparente no mucho más grandes que un diminuto recién nacido. Algunos bebés tenían el cabello rubio, algunos lo tenían castaño y otros no tenían nada de pelo. Y casi todos eran de piel clara. Solo había un bebé con el cabello bien oscuro.

—¡Esa era yo! —me apresuraba a decir—. No tenía ni un día de nacida.

Yo sabía que para mi papá no había sido difícil identificarme entre todos los bebés, porque me parecía a él, aunque él fuera un hombre adulto en uniforme militar y yo fuera una pequeña bebé envuelta en una cobijita blanca. Él supo al instante que yo era su bebé. Y estoy segura de que yo también supe al instante que él era mi papá.

Mi papá asentía y a veces hasta sonreía. Yo esperaba que dijera algo más pero, casi siempre, su nariz volvía a clavarse en el libro.

Siempre me emocionaba mucho escuchar esta historia, pero con los años llegué a entender lo que había significado para mi mami vivir en Dakota del Sur. La familia de mi papá era de México, pero él había crecido en Texas. Había realizado todos sus estudios, incluida la universidad, en Estados Unidos, y hablaba muy bien inglés. Acababa de graduarse y estaba cumpliendo con su compromiso militar ROTC como oficial estacionado en Dakota del Sur. Iba todos los días a su trabajo en el batallón de misiles que protegía la Base de la Fuerza Aérea Ellsworth.

Mi mami, en cambio, había crecido en Parral, México, en el estado de Chihuahua, y no entendía ni una palabra de inglés. Los vecinos le regalaron ropa de bebé y gruesos abrigos para resistir el brutal invierno de Dakota del Sur, pero ninguno hablaba español. Mi papá pasaba la noche fuera de casa con frecuencia y ella se quedaba sola con dos niños pequeños.

Recuerdo a mi mami cantándonos una canción sobre un marranito mientras contaba nuestros dedos de las manos y de los pies. A Mario y a mí nos encantaba tener toda su atención puesta en nosotros y a ella le encantaba jugar con nosotros y hacernos reír. Pero no había adultos con los que pudiera conversar, excepto mi papá.

Hasta el paisaje era muy diferente a lo que mi mami estaba acostumbrada: colinas llenas de árboles y llanuras onduladas en lugar de un desierto salpicado de cactus y plantas espinosas. Los veranos eran muy calientes, con moscas negras revoloteando por todas partes. Los inviernos eran helados. Lo único que era igual eran las estrellas.

A mi mami no le gustaba quejarse, pero debió sentirse muy sola. La embargó la alegría cuando al cabo de dos años finalizó el periodo de servicio de mi papá y lo licenciaron del ejército. Ahora podíamos mudarnos libremente a otro lugar.

Mis padres empacaron todas nuestras cosas en su Ford beige de 1955 y manejaron mil millas hacia el sur, hasta Las Cruces, Nuevo México. Llegamos a vivir con la tía Alma, la hermana mayor de mi papá, y su familia, los Barba: Uncle Sam Barba y mis primos Debbie, Cathy y Sammy. No sé por qué llamábamos a mi tía "tía" pero a mi tío "uncle", en inglés. Así lo hacíamos y punto. Mi abuelita Juanita, la madre de mi padre, también vivía con los Barba. Cuando nos mudamos con ellos, Mario tenía cuatro años y yo, dos.

Recuerdo, desde el primer día, el cotorreo de los adultos platicando en español; un remolino de palabras, canciones, discusiones, cuentos y risas, con mi madre de alguna manera siempre en el centro de la interacción. Mis primos hablaban una mezcla de inglés y español, pero Mario y yo solo hablábamos español por aquel entonces.

Recuerdo el desayuno en la sala de estar, sentada a la mesa con Mario y mis primos, cada uno con su pequeño vaso de jugo y su plato hondo de cereal. Mario y yo dormíamos en esa misma habitación porque el resto de los cuartos estaban llenos.

La casa estaba repleta de gente, pero a mí eso no me importaba porque siempre había con quien jugar. Todos los días, después del desayuno, hacíamos maromas y nos perseguíamos unos a otros por todo el patio y por un callejón que había detrás de la casa, descubriendo el mundo. Recuerdo que corría tratando de alcanzar a Mario y a mis primos mayores; corría por el puro placer de sentir la velocidad y el viento en la cara.

A mi padre, que creció con una hermana mucho mayor que él, le molestaba el ruido de cinco niños pequeños. Nos amaba, pero con frecuencia pasaba las tardes en la biblioteca en lugar de jugar con nosotros o ayudar a mi madre con los quehaceres domésticos.

Cuando consiguió trabajo, mi papá dejó de usar su uniforme militar y comenzó a vestirse como los otros hombres de nuestro nuevo vecindario: pantalones formales y camisa de abotonar con corbata. Así iba a la Universidad Estatal de Nuevo México, donde trabajaba como químico en los laboratorios de ciencias físicas. Mi tía, mi tío y mi abuela también eran empleados. Mi tía era maestra y mi tío trabajaba en el Campo de Misiles de White Sands. Mi abuela trabajaba en una tienda de ropa. Mi madre se quedaba en casa, encargada de los quehaceres domésticos y de cuidar a todos los niños. Era una gran responsabilidad.

Mi mami había crecido pobre, con trece hermanos. Solo estudió hasta sexto grado, pero ella quería educarse más. Tomó una clase de mecanografía y a los dieciséis años viajó por su cuenta rumbo al norte, hasta la ciudad fronteriza de Juárez, México, con el anhelo de trabajar como secretaria. No encontró empleo en Juárez, pero solía cruzar el puente peatonal que conducía a El Paso, Texas, donde encontró trabajo limpiando casas.

Mi mami hizo muchos amigos en El Paso. Tenía solo diecinueve años cuando conoció a mi papá. Cuando se mudaron a Las Cruces tenían casi cinco años de casados. Mi mami tenía veinticuatro años y mi papá tenía veintiséis.

A pesar de ser pequeña, la casa de mis tíos tenía alfombras suaves y un piano de media cola de verdad entre los muebles que se apiñaban en la sala. Mi mami, que había pasado muchas privaciones, creía que mi tía, mi tío y mi abuela se daban aires de aristócratas. Sentía que la menospreciaban porque había crecido en la pobreza. Tanto mi padre como su hermana habían terminado la universidad. Mi mami sabía que la familia de mi papá hubiera preferido que se casara con una mujer más educada que ella.

Mi papá se hubiera quedado encantado en la casa de su hermana, con todo y lo atestada que estaba, pero mi mami quería tener su propia casa. Por la tarde, cuando mi abuela regresaba del trabajo, mi mamá me llevaba a pasear y a buscar avisos que dijeran "Casa para rentar".

A mi mami no le tomó mucho tiempo encontrar una nueva casa para nosotros, así que nos mudamos de la casa de los tíos. Nos fuimos a vivir a menos de una milla de ellos, en la calle Solano, una concurrida vía pública cerca de un arroyo, un barranco empinado y seco que se inundaba con los aguaceros del verano.

Nuestra nueva casa estaba hecha de bloques de hormigón y estaba pintada de verde por fuera. Era diminuta; apenas cabíamos los cuatro y nuestro perro, Manchas. Tenía dos cuartos pequeños, un baño, una cocina con espacio para una mesa y una sala con un sofá cama que ocupaba casi todo el espacio cuando estaba abierto. El cuarto que compartíamos Mario y yo tenía un clóset, dos camas pequeñas y un tapete redondo tejido a mano sobre el cual nos sentábamos con nuestros juguetes. Nos gustaba salir a jugar en el arroyo, donde había espacio para corretear.

Nuestra vecina de al lado criaba pollos y le vendía a mi mami huevos frescos. Los domingos, mi papá le compraba una gallina, ella la mataba y mi mami la preparaba para la cena, después de la misa. Algunos amigos de la iglesia nos regalaron muebles y mamá compró otros recurriendo a los planes de apartado de mercancía con pago a plazos de las tiendas, pues no teníamos tarjetas de crédito.

Mi madre era muy frugal con los gastos. Se las arregló para comprar una mesa de cocina de fórmica verde con sus sillas, así como otros muebles que nos faltaban.

Al poco tiempo de habernos mudado, la sala se llenó de más cosas debido a que la hermana menor de mi madre, la tía Angélica, llegó de México para quedarse con nosotros. Vino a ayudar a mi mami, que estaba esperando un bebé.

La tía Angélica era joven y bonita. Se recogía el cabello en una cola de caballo que se bamboleaba cuando ella movía la cabeza. Adoraba a mi madre, y a mi mami la hacía muy feliz el tener a su hermanita viviendo con nosotros. Platicaban, reían y cantaban todo el día.

La tía Angélica no quería ser una carga para la familia. Ayudaba a mi mami y encontró trabajo muy rápido limpiando la casa de la tía Alma y las casas de otra gente. Nos quería a Mario y a mí y nos halagaba, haciéndonos sentir especiales y muy inteligentes. Nos llevaba a la tienda de juguetes y nos compraba cualquier cosa con su propio dinero o nos invitaba a la sala de cine mexicano, donde un actor llamado Cantinflas nos hacía reír y reír.

Por la noche, la tía Angélica dormía en el sofá. En un pequeño espacio entre el sofá y la mesa del centro habían acomodado una cuna, y mi tía y mi mami desempacaban la vieja ropa de bebé mía y de Mario, mientras yo observaba fascinada.

Yo ya tenía cuatro años, pero no me interesaban mucho las muñecas (tenía un muñeco llamado Óscar que mi abuela me había regalado en Navidad). Sin embargo, tenía ganas de ver a ese hermanito o hermanita cuya ropa no era más grande que la ropa de Óscar. A pesar de que había visto fotos mías de cuando era bebé, me costaba imaginarme a otro bebé en nuestra casa. ¿Llorará todo el día? ¿Qué se sentirá tener otro hermano o hermana? ¿Cómo se irá a llamar? Y lo más importante: ¿El nuevo bebé será un niño, como Mario, o una niña, como yo? Yo pensaba que quizás mi papá preferiría otro niño, pero no quería preguntárselo. Mi mami, sonriendo, se negó a decir qué prefería ella. Solo nos quedaba esperar para ver qué era.

Una mañana, no vi a mi madre en la cocina. En su lugar estaba la tía Angélica, cantando a dúo con la radio mientras me servía mi jugo de naranja. Sonriendo, nos dijo a Mario y a mí que teníamos una nueva hermanita llamada Laura. Mi mami y Laura se tenían que quedar en el hospital durante unos cuantos días, y mientras tanto la tía Angélica se encargaría de cuidarnos.

Todos los días, mientras mi mami estuvo ausente, la tía Angélica nos llevaba al centro, a la tienda Woolworth's, a comprarnos un juguete; o nos poníamos a jugar los tres; o ella se sentaba al sol a pintarse las uñas de rosa mientras nosotros jugábamos en el arroyo.

En tan corto tiempo yo había aprendido a querer a la tía Angélica, pero aun así, se me hizo muy largo el tiempo que tuvimos que esperar hasta que mis padres trajeron a Laura a casa. El día que llegó mi hermanita, Mario y yo nos instalamos todo el tiempo en la sala para verla. Manchas también tenía mucha curiosidad. Mientras nos turnábamos para cargarla, él la olía por todos lados. Yo también la olí. Decidí que olía un poco como la leche amarga. Laura tenía el cabello oscuro, como el mío, pero el suyo era chino, y nos observaba con unos ojos oscuros llenos de curiosidad.

Todos amábamos a Laura, pero Manchas se convirtió en su protector. Por la noche, daba varias vueltas alrededor de su cuna antes de echarse frente a ella y cerrar los ojos. De esa manera la mantenía vigilada incluso mientras él mismo dormía.

Un día, al poco tiempo de haber nacido Laura, mi papá llegó temprano a casa y dijo que lo habían corrido del trabajo. Había estado teniendo problemas y ahora la universidad no quería que siguiera trabajando para ellos. En ese momento, yo no entendía lo que pasaba, pero de mayor llegué a entender que a mi padre lo habían corrido porque no se estaba tomando su trabajo en serio. Llegaba tarde o se iba temprano, o no escuchaba lo que le decían sus jefes y por ello cometía errores. No ponía atención a los detalles, no ponía suficiente cuidado. De hecho, había sido descuidado, lo cual era peligroso ya que trabajaba con químicos.

El ambiente era tenso en nuestra pequeña casa, con tres niños pequeños, aunque yo no sabía por qué. Creí que ahora mi papá se quedaría en casa y jugaría con nosotros. En cambio, mi papá se pasaba los días en la biblioteca y gran parte de los fines de semana en la casa de su hermana.

Muy pronto, Uncle Sam, el esposo de mi tía Alma, lo ayudó a mi padre a conseguir una entrevista en el Campo de Misiles de White Sands. Para alivio de todos, a mi papá le ofrecieron un empleo como analista químico. Ahora tenía que levantarse temprano para tomar el camión que lo llevaba al trabajo. Se iba antes de que Mario y yo nos despertáramos.

A los veintiocho años y después de haber sido despedido de un trabajo, mi padre se dio cuenta de que tenía que hacerse cargo de su familia. Tenía una esposa y tres hijos que dependían de él. Prometió que se tomaría este nuevo empleo con seriedad. Llegaba a tiempo al laboratorio y se esforzaba en su trabajo. Se sentía orgulloso de su nuevo puesto.

Mi papá ganaba más dinero en su nuevo trabajo en el campo de misiles que en su empleo anterior, así que mi madre comenzó a buscar una nueva casa para alquilar; una que no estuviera ubicada en una calle tan concurrida y que tuviera suficiente espacio para que la familia creciera con comodidad.

Mi mami siempre nos había advertido del peligro de los carros. Por eso jugábamos en el arroyo y no en la calle. Infortunadamente, parece que Manchas nunca la escuchó. Al poco tiempo de haber nacido Laura, Manchas se fue caminando por la calle y lo atropelló un carro. Mario y yo lloramos y lloramos, pero nadie pudo hacer nada. Papá y Uncle Sam lo enterraron en el desierto.

Al poco tiempo, mi mami nos dijo que había encontrado una casa en otra parte del pueblo, en la calle Griggs, que ni siquiera estaba pavimentada. No estaba muy lejos, así que podríamos seguir yendo a la iglesia caminando y ver a nuestros amigos del viejo vecindario. Nuestra nueva casa tenía tres cuartos y un patio grande con varios árboles tan grandes que podíamos trepar en ellos.

Mi mami se sentía muy a gusto en la calle Griggs. Desde que nos mudamos de Dakota del Sur a Las Cruces, hacía ya dos años, se sentía feliz porque de nuevo vivía rodeada de gente con la que podía hablar español. Ahora, en nuestra tercera vivienda en Las Cruces, tenía una casa espaciosa para la familia, que había crecido. Estaba segura de que nos podríamos quedar allí por un buen tiempo.

En la nueva casa, Mario tenía su propio cuarto y yo compartía el mío con Laura. Al igual que nosotros, la mayoría de nuestros vecinos tenían amigos y parientes en México. El tiempo casi siempre era soleado, así que la gente vivía fuera de sus casas y pasaba horas en los jardines y en un parque que quedaba al final de la calle. Mi madre siempre tenía comida para recibir a las visitas, e hizo muchos amigos en poco tiempo.

Mario y yo también hicimos amigos. Había niños por todos lados. Si querías encontrar con quien jugar, solo tenías que salir de tu casa.

Después de que nos mudamos a la calle Griggs, mi padre compró un carro, un Rambler usado. Nos encantaba porque era espacioso y el respaldo del asiento trasero se podía inclinar hacia adelante. A mi padre le gustaba que ahora podía manejar hasta el punto de control del campo de misiles. Allí se estacionaba y tomaba un camión que lo llevaba otras veintiséis millas por las montañas Organ hasta su trabajo. El viaje por un terreno montañoso significaba un gran esfuerzo para el motor de un carro, y mi padre no quería desgastar tanto el Rambler. Además, le gustaba leer el diario *El Paso Times* mientras viajaba en el camión, aunque también leía otros periódicos en la biblioteca. No le gustaba mucho el diario local, *Las Cruces Sun-News.*

Mi madre tenía una hermosa voz y cantaba cuando estaba contenta. Después de que nos mudamos a la calle Griggs, la escuchaba cantar a dúo con la radio cuando me despertaba en las mañanas. En aquella época no había emisoras de radio en español en Las Cruces, así que ella sintonizaba emisoras en español de la cercana ciudad de Juárez, México. Me encantaba cuando sonaban sus canciones favoritas, como "Qué rico el mambo" o "Cielito lindo". Mi mami nos hacía dar vueltas a Mario o a mí al ritmo de la animada música hasta que nos mareábamos. Entonces, cargaba a Laura y bailaba con ella en sus brazos por toda la cocina, cantando con alegría sobre el rico mambo o sobre un ser querido.

Mi mami tenía un travieso sentido del humor y le encantaba hacer bromas. Recuerdo que, cuando Mario y yo jugábamos en el patio, ella solía subirse al techo de la casa y llamarnos desde allí. Nosotros la oíamos, pero antes de que pudiéramos darnos cuenta dónde estaba, saltaba y caía junto a nosotros, sorprendiéndonos. Como se reía, nos dábamos cuenta de que no estaba molesta con nosotros, y en un instante nos estábamos riendo nosotros también.

Cuando nos mudamos a Las Cruces, era un pueblo muy pequeño. La mayoría de las calles no estaban pavimentadas. Había vendedores de frutas y verduras que vendían su mercancía en sus carros tirados por caballos o mulas. Y abundaban los perros callejeros. Cuando querías hacer una llamada telefónica, levantabas el auricular y marcabas solo cuatro números. Cuando tenías que mandar una carta por correo, solo escribías en el sobre el nombre de la persona y el de la calle. No tenías que preocuparte por poner el nombre de la ciudad ni el código postal si el destinatario vivía en Las Cruces.

Para mí, los días eran mágicos. Mi madre trataba de planificar nuestros días, pero siempre era muy hospitalaria con las visitas imprevistas que nos hacían cambiar de planes. Los fines de semana venían amigos y familiares, y disfrutábamos largas tardes que se extendían hasta la noche, llenas de diversión y comida. Si por mi padre fuera, se hubiera pasado los fines de semana leyendo, pero sabía lo importante que era cerrar su libro y dedicarles tiempo a la familia y a las visitas.

Mi papá era más estricto que mi mami. A veces nos pegaba cuando nos portábamos mal. Yo lloraba a voz en grito, incluso cuando sabía que había hecho algo malo. Pensaba que mi papá era malo, aunque sabía que lo quería. Pero en realidad a todos los niños del barrio les pegaban de vez en cuando.

Mi mami, en cambio, no nos pegaba. Si Mario y yo

estábamos peleando, nos encerraba juntos en el baño y nos decía que no podíamos salir hasta que hiciéramos las paces. Sabía que arreglaríamos nuestras diferencias con tal de salir de ese pequeño cuarto.

En poco tiempo, creo que mi madre ya conocía a todas las familias del barrio. Sabía quién necesitaba ayuda, ya fuera una comida o que le cuidaran a un niño o le hicieran un mandado en la tienda. Sabía quién estaba esperando bebé y necesitaba una cuna, y el niño de quién ya dormía en una cama así que tenía una cuna para regalar. A mi mami le encantaba cocinar para las visitas. Y a mí me encantaba nuestra comunidad tan unida, en la que cada día parecía regalarnos nuevos amigos y reuniones.

Me encantaban especialmente las fiestas de cumpleaños, cuando nos turnábamos para golpear con un pesado palo la piñata que colgaba de un árbol del parque o del patio de una casa. Cuando uno de los niños al fin lograba romper la piñata, todos nos arremolinábamos para recoger los dulces que caían al suelo como lluvia. Después de la piñata, nos daban un colorido pastel de cumpleaños y helado, y mi madre servía su ponche especial, hecho con Kool-Aid, refresco 7-Up y gajos de naranja. Antes de partir, mi mami dirigía "Las mañanitas", la canción de cumpleaños mexicana. Ella cantaba los versos y todos cantábamos el coro. Excepto la Navidad, no había nada mejor para mí que una fiesta de cumpleaños.

Ahora que teníamos un carro confiable, mi padre manejaba cuarenta y cinco millas hasta El Paso para visitar a su padre, el abuelito Mario. Los padres de mi papá se divorciaron cuando él tenía ocho años y mi abuelo después formó otra familia. Mi padre lo visitaba sin falta cada dos semanas. Viajaba con su madre, mi abuelita Juanita, y la dejaba en casa de su hermana antes de ir a visitar al abuelo.

Cada viaje a El Paso era un gran acontecimiento para toda la familia. Cruzábamos la frontera mexicana para ir a Juárez a comprar cosas que en Estados Unidos no se conseguían o eran más caras. Íbamos a las grandes tiendas por departamentos de El Paso, como La Popular, que le encantaba a mi madre porque ahí vendían la ropa de moda. Después, íbamos a veces a visitar a mi abuelito y al final del día nos deteníamos para recoger a mi abuelita en la casa de su hermana. Me encantaban nuestros viajes a esa gran ciudad, aunque no siempre visitáramos al abuelo. La mayoría de las veces, mi papá iba solo con su madre. De pequeña, esto no me molestaba. Mi papá casi nunca estaba en casa, así que para mí no había diferencia si estaba trabajando o visitando a su padre. Pero ya un poco más grande, yo también quería ir a visitar a mi abuelo.

Recuerdo un sábado en particular en el que mi papá nos dijo que todos iríamos con él a El Paso. Mi mami nos puso nuestra mejor ropa y me pareció que se veía hermosa con un vestido de flores que normalmente solo llevaba a la iglesia. Nos montamos al carro e iniciamos el viaje de una hora. Esta vez, mi abuelita no vino con nosotros. Fuimos de compras y luego fuimos a la casa de mi abuelito a visitarlo. Mi abuelito y su familia no estaban, así que nos sentamos en las escaleras a esperarlos.

Al cabo de un rato, mi madre sugirió que nos fuéramos a casa porque se estaba haciendo tarde. Mi padre se negó. Dijo que como él siempre iba a visitar a su padre en la tarde del sábado cada dos semanas, el abuelito Mario sabía que vendría, así que en cualquier momento llegaría. Mi madre sabía que esta visita era importante para mi padre, de manera que la espera se extendió por varias horas. Mario y yo nos comenzamos a poner inquietos y a quejarnos, y entonces mi madre nos dejó explorar el vecindario con la advertencia de que no nos alejáramos mucho. Dimos varias vueltas a la manzana investigando las casas, una iglesia y una pequeña tienda que había en una esquina. Cuando nos cansamos, regresamos a sentarnos en las escaleras de la casa del abuelo junto a mis padres y a Laura. Las sombras comenzaban a alargarse cuando el abuelito Mario, su esposa y sus hijas por fin llegaron.

Mario y yo estábamos muertos del hambre.

De haber sido ellos quienes estuvieran de visita en nuestra casa, mi madre les habría servido una comida completa sin ni siquiera preguntarles si tenían hambre. Pero, al parecer, mi abuelito y su esposa no tenían muchas ganas de vernos. Nos sentamos, incómodos, mientras mi papá y su padre conversaban. No habíamos comido desde el desayuno, pero tuvimos que contentarnos con unas galletas y un refresco compartido, y eso porque mi mami lo pidió.

Me sorprendió ver que para la familia de mi padre parecíamos ser una molestia. Cuando visitábamos a nuestros primos de Las Cruces o de México, todos salíamos corriendo a jugar. Pero las hijas de mi abuelo, las hermanastras de mi padre, eran mayores y no querían jugar con nosotros.

Durante el viaje de una hora de regreso a casa, mi

padre no paró de platicar sobre la visita a su maravilloso padre, mientras que mi madre apenas abrió la boca, lo cual era raro en ella. Era como si mi papá estuviera describiendo una visita muy diferente a la que el resto de nosotros había experimentado.

Normalmente, después de una reunión, mi madre hablaba sobre la gente con la que habíamos estado y lo que habíamos hecho durante el día. Esta vez, sin embargo, fue muy amable y generosa con mi padre al no expresar su desacuerdo, aunque para mí era claro que mi abuelo no estaba muy contento de vernos. Recuerdo a mi mami diciendo "Sí, sí, sí" como si estuviera de acuerdo con todo lo que decía mi padre respecto a lo inteligente y maravilloso que era mi abuelo.

Yo creo que mi padre quería la atención de mi abuelo; por eso actuaba como cuando Mario y yo le decíamos "Papá, papá, papá", cada vez más fuerte hasta lograr que levantara los ojos de su libro. Ese comportamiento no era normal en mi padre y, definitivamente, él no era así con su madre, mi abuelita Juanita.

Después de esa visita, pasaron muchos años antes de que regresáramos a visitar al abuelo en familia. A pesar de que mi padre continuó hablando de su padre con reverencia, no volvimos a pasar por la casa del abuelito cuando íbamos de compras a El Paso. Por consiguiente, no llegamos a conocer bien a las hermanastras de mi padre. Siempre sentí mucha curiosidad por ellas, pero mi padre casi no respondía mis preguntas al respecto.

Mi papá, en cambio, continuó visitando a su padre con regularidad, pero no nos pedía que fuéramos con él. Siempre iba sin nosotros, como lo hacía antes. Después de aquella visita, mi mami, Mario, Laura y yo nos quedábamos en casa.

Mami, Papá, y yo, 1960

Mario y yo, alrededor de 1960

CAPÍTULO 2

Mario y yo en preescolar

L a Primera Iglesia Bautista, donde se hablaba español, no era solo nuestro hogar espiritual, sino que también era el centro de la vida social de nuestra familia.

A diferencia de muchos de nuestros vecinos y de la mayoría de las otras familias mexicanas que conocíamos, nosotros no éramos católicos sino bautistas. La familia de mi padre se había convertido al protestantismo en México en el siglo XIX. Cuando huyeron de México durante la Revolución, la Iglesia Bautista de El Paso, Texas, los acogió. Mi bisabuelo se convirtió en pastor de esa iglesia.

Por otro lado, la madre de mi madre, la abuelita Leonor, enviudó muy joven. El padre de mi madre era testigo de Jehová y mi abuela con el tiempo exploró otras religiones. Cuando mi mami se mudó a Juárez, visitó diferentes iglesias que ofrecían servicios religiosos en español. Conoció a mi padre y a su familia en la Iglesia Bautista de El Paso un Día de San Valentín.

Cuando nos mudamos a Las Cruces, la Primera Iglesia Bautista tenía un servicio religioso completo solo en español, y mi madre se sentía muy a gusto allí. La mayoría de los amigos de mis padres iban a la misma iglesia. En una de mis fotos favoritas aparecen mi madre, mis dos abuelas y dos de mis tías en una reunión de la Auxiliar de Mujeres, un grupo de mujeres que hacían trabajo voluntario para la iglesia. La foto fue tomada cuando la madre de mi madre, que vivía en Chihuahua, México, nos visitó después del nacimiento de Laura.

El santuario de nuestra iglesia era pequeño. El centro estaba lleno de bancas y tenía tres salas laterales que se usaban para acomodar a la gente que no cabía en el santuario y también como aulas provisionales. En el frente, detrás de las bancas del coro y del púlpito del pastor, estaba la pila bautismal. Detrás de la pila estaba la sacristía, un cuarto donde se guardaban las vestiduras del coro. A ese espacio no se dejaba pasar a los niños, de manera que nosotros, por supuesto, vivíamos fascinados con el lugar e inventábamos historias disparatadas sobre lo que se guardaba allí. Cuando nos aburríamos en la iglesia mientras mi madre hacía algún trabajo voluntario o conversaba con sus amigas durante el estudio bíblico, jugábamos en un parque cercano.

A pesar de que nuestra familia y todos los vecinos en Las Cruces hablaban español, mi mami no había olvidado lo que sentía en Dakota del Sur, al ser incapaz de entender el idioma que hablaba todo el mundo. Mi padre hablaba bien tanto inglés como español, y eso mismo quería mi madre para Mario y para mí.

Mi mami se había hecho amiga de la hermana Amelia Díaz, una misionera que vivía en una cabaña en el terreno de la iglesia. La hermana Díaz hablaba inglés y español con una voz aguda, como el trino de un pájaro. Siempre llevaba el cabello recogido y me parecía una persona muy estricta. Hablaba en un lenguaje muy elegante y formal y, contrario a la mayoría de los adultos que yo conocía, no les sonreía a los niños cuando se dirigía a ellos. Me daba un poco de miedo. Un día de primavera, al poco tiempo de haber nacido Laura, mi mami invitó a la hermana Díaz a tomar café a la casa.

Mi mami puso la mesa con las servilletas más bonitas que tenía y sirvió un pastel decorado con una crema de color amarillo limón para acompañar el café. Mi mami nunca tomaba té. El té le recordaba su infancia en México, cuando eran tan pobres que no podían comprar café. En su lugar, tomaban té: agua saborizada con hierbas secas que mi abuelita Leonor recogía en la orilla de la carretera. Mi madre siempre decía que el té le recordaba lo que era ser pobre. Todas las mañanas, se deleitaba con su taza de café.

Ahora, se sentía orgullosa de darle la bienvenida a la hermana Díaz en nuestro hogar. Las dos se sentaron a tomar café y a conversar sobre la iglesia y el barrio. Mi mami le dijo a la hermana Díaz que se había enterado de que los maestros de la escuela del barrio, la Escuela Primaria Bradley, nos iban a hablar a Mario y a mí en inglés, no en español. Le preguntó si ella estaría dispuesta a enseñarnos inglés para prepararnos para entrar a la escuela.

Yo sabía que Mario debía entrar a primer grado en agosto, en unos pocos meses. Pero yo era dos años menor; tenía tiempo de sobra para aprender inglés con la hermana Díaz.

La hermana Díaz nos miró amablemente y nos preguntó en español:

—¿Estarían ustedes dos dispuestos a estudiar y a esforzarse?

Mario y yo solo asentimos. La timidez no me dejó hablar.

—Sí —le dijo a mi mami la hermana Díaz. Nos iba a enseñar inglés.

A los pocos días comenzamos nuestras clases. Eran en la mañana, después del desayuno. El primer día mi mami y Laura nos acompañaron, pero después, dos veces a la semana, Mario y yo solíamos caminar solos las tres cuadras que había hasta la iglesia, mientras mi mami se quedaba en casa con Laura y comenzaba sus quehaceres domésticos.

En aquel entonces, Mario tenía seis años y yo tenía cuatro. Nadie se preguntaba si era seguro que dos niños tan pequeños anduvieran solos en la calle, sin un adulto. Por aquella época no era raro que niños de cuatro años cruzaran solos las calles concurridas, ni que pasaran gran parte del día fuera sin la supervisión de un adulto. Desde mucho antes de que tuvieran la edad para ir a la escuela primaria, a los niños los mandaban a hacer mandados a varias cuadras de su casa, a comprar víveres y hasta cigarrillos para sus padres.

Desde el primer día me di cuenta de que la escuela era algo serio. La hermana Díaz había dispuesto un aula en un cuartito de la iglesia. Encontró un pequeño escritorio con una banca apenas lo suficientemente grande para que Mario y yo nos sentáramos uno al lado del otro. Sobre el escritorio había dos blocs para escribir de marca Big Chief o "Gran Cacique" (unos cuadernos que tenían, sobre un fondo rojo, la imagen de un indígena norteamericano con un tocado de plumas en la cabeza) y unos lápices gordos que eran fáciles de agarrar. En una esquina del cuarto había una bandera de Estados Unidos y en el centro, un caballete con un pizarrón con gises blancos nuevos y un borrador. La hermana Díaz tenía una silla en la que se sentaba mientras nos daba la clase.

La hermana Díaz nació en San Antonio, Texas, y quería que nosotros nos sintiéramos tan orgullosos como ella de nuestra ciudadanía estadounidense. El primer día nos dijo a Mario y a mí que comenzaríamos recitando el juramento a la bandera. Yo no sabía lo que era eso.

La hermana Díaz nos dijo en español que miráramos

hacia la bandera con las manos sobre el corazón. Confundida, me puse las dos manos sobre el pecho. La hermana Díaz se acercó y acomodó mi mano derecha de manera que cubriera mi corazón. Suavemente, me bajó la mano izquierda y me la puso al costado.

—Repitan después de mí —dijo, primero en inglés y luego en español—. *I pledge allegiance to the flag…* —comenzó a recitar sin detenerse hasta que Mario y yo pudimos decir esas extrañas palabras en los dos idiomas.

Incluso después de que la hermana Díaz nos enseñó el juramento a la bandera, yo no sabía para qué era ni por qué era tan importante. Nunca había escuchado a mis padres recitarlo, así que me imaginé que tenía algo que ver con aprender inglés, aunque yo en realidad no entendía la diferencia entre los dos idiomas. Sabíamos que mi papá hablaba inglés en el trabajo, pero el español seguía siendo el único idioma que hablábamos en casa.

El primer día de preescolar, luego de recitar el juramento a la bandera, la hermana Díaz nos anunció que íbamos a aprender el abecedario. Yo sabía que se refería a las letras que yo veía en los libros de mi papá. ¿Quería decir que una vez que aprendiéramos esas letras íbamos a saber leer? Yo no lo sabía.

Muy pronto, sin embargo, me di cuenta de lo que ella había querido decir. Ese día y todos los días, después de recitar el juramento a la bandera, nos sentábamos en el escritorio a estudiar el abecedario. La hermana Díaz pronunciaba cada letra nueva y luego nos hacía repetirla hasta que se sentía satisfecha con nuestra pronunciación.

Como Mario era mayor que yo, ya había aprendido algo de inglés con sus amigos del barrio, así que la hermana Díaz me dedicaba más tiempo a mí. Desde tan temprana edad, yo siempre quise alcanzar a mi hermano. Decía las letras en voz alta y ella me ayudaba a sostener un enorme lápiz para escribirlas en mi bloc Big Chief.

No podía evitar preguntarme si el Gran Cacique podía leer lo que escribíamos. Si estuviera con nosotros, ¿me dejaría ponerme el tocado de plumas? Mi madre me había contado historias acerca de las reservas indígenas de Dakota del Sur. A veces me decía en broma que me había adoptado en una de esas reservas. Yo pensaba que quizás el Gran Cacique era de Dakota del Sur, aunque no tuviera ni idea dónde quedaba ese lugar.

Al igual que a mi mami, a la hermana Díaz le encantaba cantar. Para enriquecer nuestro vocabulario en inglés, nos enseñó la canción "Jesus Loves Me". Yo me la sabía en español como "Cristo me ama", así que me sorprendió y me gustó escucharla en inglés con la misma melodía. A medida que aprendía la canción verso por verso en un nuevo idioma, me di cuenta de que las palabras en inglés y en español pueden representar las mismas cosas. También pueden expresar las mismas emociones, de alegría y de tristeza.

Mario apenas tomó unas pocas lecciones con la hermana Díaz antes de entrar a primer grado en la Escuela Primaria Bradley. Sin embargo, yo continué asistiendo a sus clases dos veces por semana. Por aquel tiempo no existía kindergarten en Bradley, y todavía faltaban dos años para que yo entrara a primero. Mario y yo habíamos caminado juntos a las clases, pero ahora me llevaba mi madre, cargando a Laura. A veces se regresaba a casa para comenzar a preparar la cena, pero con frecuencia se quedaba a visitar a una amiga que vivía cerca de la iglesia. Al terminar la clase, mi mami (o la tía Angélica, si estaba de visita) me recogía o yo me iba a casa sola. Después, yo tenía que cuidar a Laura mientras mamá hacía los quehaceres o preparaba la comida.

La hermana Díaz comenzaba sus clases con el juramento a la bandera y luego me hacía repasar lo que había aprendido en la clase anterior. Comenzábamos con lecto-escritura: yo repetía el abecedario y escribía las letras en mi bloc. La hermana Díaz me decía algo en español y luego lo repetía en inglés. Después me hacía repetirlo. Me enseñó a leer en inglés, pero no en español, y nunca aprendí a leer en español más allá de un nivel muy básico.

Después de la clase de lectura, la hermana Díaz me hacía contar hasta el número más grande que me supiera. Yo ya sabía contar un poco en español: repetía "uno, dos, tres" mientras caminaba las tres cuadras de camino a la iglesia. En poco tiempo, comencé a contar también en inglés. Muy pronto, aprendí a contar hasta más de cien, y contaba todo lo que veía (gente, árboles, carros) en inglés y *también* en español, canturreando feliz en los dos idiomas. Me emocionaba mucho ver que podía practicar dos cosas a la vez: mi nuevo idioma y mis destrezas para contar. En esos días nació una pasión que me ha acompañado toda la vida: contar y jugar con los números en mi cabeza.

Mientras yo aprendía el abecedario, Mario estaba aprendiendo a leer libros en la escuela. Como Mario ya podía leer libros, comenzó a ir a la biblioteca con mi padre. Iban juntos los sábados y mi padre sacaba libros prestados para Mario con su credencial de la biblioteca. Yo deseaba ir con ellos, pero sabía que no me dejarían. Mario era mayor y era varón, así que disfrutaba de privilegios que yo no tenía. Y uno de esos privilegios era pasar más tiempo con mi papá. Así eran las cosas en ese entonces.

Yo sabía que los libros que mi padre sacaba de la biblioteca estaban en inglés. Mario también hablaba inglés en la escuela. Hablábamos español cuando jugábamos con nuestros amigos, pero comencé a darme cuenta de que los niños mayores hablaban inglés entre sí. Cada vez hablábamos más en inglés con nuestros primos de Las Cruces, aunque con la abuelita Juanita seguíamos hablando en español. También hablábamos en español con mi madre y con la tía Angélica.

Cuando Mario entró a primer grado, mi padre comenzó a hablarle en inglés. Decía que eso lo iba a ayudar a tener un mejor desempeño en la escuela. ¡Yo también decidí hablarle a mi padre en inglés! Aunque no me llevaba a la biblioteca como hacía con Mario, mi padre comenzó a hablarme a veces en inglés, y me corregía cuando cometía errores.

El inglés de mi padre era bueno, pero él prefería hablar en español. Él y mi madre solo hablaban en español. Mi madre entendía muy poco inglés en aquellos años, pero animaba a mi padre a que nos hablara en inglés a Mario y a mí.

Sin embargo, mi papá no estaba en casa gran parte del día y no era el tipo de padre al que le gusta jugar con niños pequeños. Tenía muy poca paciencia para pasar mucho tiempo platicando con nosotros. Aun así, a veces se convertía en nuestro aliado. Una vez, Mario y yo estábamos brincando en los muebles de la sala y la tía Angélica comenzó a regañarnos. Mi papá la interrumpió diciéndole que a ella no le correspondía regañarnos, que él no tenía ningún inconveniente con que nosotros brincáramos en los muebles.

No llegamos a tener una conversación real con mi papá, en inglés o en español, hasta que ya fuimos mayores. Por lo pronto, la única persona que me estaba enseñando a leer y escribir en inglés era la hermana Díaz. Cuando llegué a conocerla mejor, me di cuenta de que, si bien era cierto que la hermana Díaz era muy estricta y clara a la hora de hablar de sus normas y expectativas, también era afectuosa y de verdad amaba a los niños. Sin embargo, nos corregía sin demora y cortaba inmediatamente cualquier payasada en su clase. Cuando Mario entró a primer grado yo me convertí en su única estudiante, por supuesto. Ningún otro niño de las familias de la iglesia tomó clases con ella, a pesar de que mi madre les preguntaba a sus amigas si querían que sus hijos fueran conmigo. La hermana Díaz era una buena maestra y yo la respetaba, pero también le tenía un poco de miedo.

Un día vi algo nuevo en una de las paredes de nuestra aula: un cartel grande y colorido lleno de figuras irregulares y líneas que parecían ir en todas las direcciones.

—Es un mapa de Estados Unidos para niños —dijo la hermana Díaz.

Yo no sabía lo que era aquello. Observé el mapa con cuidado mientras mi maestra señalaba los estados, los ríos, los océanos y las carreteras.

En el mapa también había ilustraciones.

—Aquí es donde estamos ahora, en el estado de Nuevo México —continuó la hermana Díaz mientras señalaba el dibujo de unos indígenas norteamericanos parados frente a una casa de adobe.

Yo había escuchado a mis padres usar las palabras "Nuevo México" pero jamás había entendido lo que querían decir.

—Y aquí es donde naciste —dijo—, en Dakota del Sur, a unas mil millas de donde estamos.

Mi maestra trazó las líneas que delineaban cada estado en el mapa. Me pregunté si las líneas se podían ver afuera en el suelo.

Yo no recordaba nada de nuestra vida en Dakota del Sur, pero en casa teníamos una azucarera con un dibujo del Monte Rushmore en un lado. Me fascinaban los cuatro presidentes cuyas caras fueron talladas en la ladera de la montaña: George Washington, Thomas Jefferson, Theodore Roosevelt y Abraham Lincoln. Aunque no entendía muy bien quiénes eran, sabía que yo había visto la enorme escultura cuando era bebé. Por las conversaciones sobre política de mi papá con la tía Alma y Uncle Sam, sabía que en ese entonces el presidente era John F. Kennedy. A mi madre le encantaba platicar sobre la ropa que usaba la primera dama, Jacqueline Kennedy. ¿Habrán tallado también la cara del presidente Kennedy en una montaña?

En el mapa también vi una ilustración de los mismos

cuatro presidentes cuyas caras estaban en el Monte Rushmore, en Dakota del Sur. Yo todavía no sabía lo que era un estado, ni la diferencia entre Nuevo México y México, pero toda la gente que yo conocía había nacido en Texas, Nuevo México o México. ¡Yo era la única persona que había nacido en un lugar lejano, en otra parte de Estados Unidos!

Me sentía orgullosa de estar aprendiendo inglés. También estaba orgullosa de haber visto el Monte Rushmore, aunque no lo recordara. Quizás, cuando fuera grande, podría ir en mi carro hasta allá. Y entonces, sería capaz de hablarle en inglés a cualquiera que me encontrara en el camino, incluso al presidente.

Mario, la hermana Díaz, y yo, alrededor de 1961

Yo y Mario en la casa de Uncle Sam en la calle Alamo, Las Cruces, alrededor de 1961

CAPÍTULO 3

El mundo se convierte en un lugar oscuro y espantoso

Laura-ca-laura, Laura-ca-laura —canturreaba yo. Mi hermanita de año y medio volteaba a mirarme con una carita feliz y atenta—. Mira esa mariposa bonita —le decía, señalando a la criatura anaranjada que aleteaba por el jardín.

—Mariposa —repetía Laura, apuntando a la mariposa—. Laura —decía después, apuntando hacia ella. A mi hermanita le encantaba su nombre.

Desde que nació, Laura se robó el corazón de todos. Tenía muchas ganas de crecer ya y poder hacer todo lo que hacíamos Mario y yo, nuestros primos y todo el mundo. Nunca gateó. Se levantaba, apoyándose en las mesas y las sillas, para correr detrás de nosotros. "Yo corro", decía mientras levantaba las manos en el aire y se alejaba corriendo y riéndose. Era una niña muy activa y feliz que iluminaba la casa con su alegría y su energía.

Laura también tenía muchas ganas de hablar. "Adiós", decía mirando a mi mami. Luego se volteaba hacia a mí y me decía "Bye-bye". Se alejaba corriendo y al momento regresaba diciendo "Hola" y "Hello". Una de sus primeras palabras fue "vestido", y desde muy pequeña mostró su preferencia por la ropa clásica de niña. Se subía a las piernas de mi papá y balbuceaba, como si leyera de su libro.

Tenía la misma personalidad vivaz y el interés por la gente de mi madre, y el gusto por aprender de mi padre. Todos decían que Laura era la más inteligente de los tres. Era como si dijera, con toda su personalidad: "¡Me encanta la gente! ¡Mírenme!".

Yo tenía ya cinco años, así que me correspondía cuidar a Laura mientras mi mami cocinaba y hacía los quehaceres domésticos. Sin embargo, nunca nos alejábamos de mi madre. Durante todo el día, mi mami cantaba a dúo con la radio, así que era fácil saber dónde estaba. A veces hacía una pausa en sus labores y nos daba vueltas por la cocina. Mi mami y yo reíamos y reíamos mientras Laura bailaba hasta marearse.

Excepto cuando iba a ver a la hermana Díaz, después del desayuno, por lo general salía disparada a jugar al patio y Laura me seguía con sus pasitos inseguros. Mi madre me recordaba que tuviera cuidado, que no perdiera a Laura de vista y que no nos ensuciáramos la ropa. Nos dejaban estar fuera sin mi mami siempre y cuando no saliéramos del patio, donde mi madre podía vernos desde la ventana.

Un día, cuando Laura tenía diecinueve meses, no se despertó a la hora acostumbrada.

—Dejémosla dormir —dijo mi mami—. Debe estar cansada. Mi papá se fue para el trabajo temprano como siempre y, después de que Mario se fue para la escuela, decidí ir a ver si Laura ya se había despertado.

—Laura, Laura —dije, al ver que mi hermana tenía los ojos abiertos. Pero Laura estaba caliente e irritable. Parecía que no se daba cuenta de mi presencia—. Mira, Laura, aquí está tu bebé —le dije, sosteniendo frente a ella a Cucá, su muñeca favorita. Mi abuelita Leonor le había hecho esa muñeca y normalmente los ojos de mi hermanita se iluminaban cuando la veía; pero ese día no respondió. Se quedó quieta, hecha un ovillo en su cama, con los ojos medio abiertos y encendida en fiebre.

—Mami, algo le pasa a Laura —llamé a mi madre, pero ella ya estaba entrando al cuarto con la tía Angélica. En lugar de responderme, mi mami y mi tía se miraron preocupadas mientras volteaban a mi hermana.

No me quedó duda de que algo andaba mal cuando vi a mi madre cargar a Laura y salir corriendo. En casa no teníamos teléfono. Mi papá se había llevado el carro al trabajo y, de todas maneras, mi mami no sabía manejar. Corrió a la casa de la vecina, tocó el timbre y golpeó la puerta. Yo corrí detrás de ella, angustiada de ver a mi madre llorando y rogando que alguien la llevara al hospital.

—Ayúdame, por favor. Mi hija está muy enferma. ¡Por favor, ayúdame!

Otra vecina escuchó los gritos angustiosos de mi madre y, en pocos minutos, su esposo llegó en su sedán. Él se inclinó para abrir la puerta y mi madre subió, apretando contra su pecho el cuerpo escurrido de Laura, mientras las lágrimas le rodaban por las mejillas. La tía Angélica y yo los observamos partir. Aunque mi tía estaba conmigo, me sentí sola y asustada. No sabía qué hacer.

En menos de un minuto estábamos rodeadas de veci-nos. Todos querían saber qué había sucedido. Mi tía solo decía que Laura tenía una fiebre muy alta y estaba muy enferma.

—Ven, Sylvia —dijo la tía Angélica—. Vamos para adentro. La ayudé a lavar los platos del desayuno. Las dos estábamos muertas de la preocupación.

Nos quedamos toda la mañana y toda la tarde en casa para estar presentes cuando mi mami regresara; pero ella no regresó. Fue un día largo y silencioso. En condiciones normales, yo hubiera pasado todo el día fuera, pero me quedé jugando callada en mi cuarto. Quería estar en casa cuando mi madre y Laura regresaran para ayudar a cuidar a mi hermana.

Cuando Mario regresó de la escuela y se enteró de lo que había pasado, arrugó la cara como si fuera a llorar y se fue para su cuarto. Normalmente, se cambiaba de ropa y salía a jugar, pero ese día se quedó en su cuarto. La tía Angélica fue a platicar con él y al rato Mario salió a la sala y se sentó a mi lado en el sofá. Hablamos sobre Laura en voz muy baja.

—¿Sabes qué fue lo que le pasó? —me preguntó.

—No —le dije—. Mi mami estaba llorando y decía que Laura necesitaba que la viera un médico con urgencia. Laura tenía la cara caliente.

A mí a veces también me daba fiebre cuando me enfermaba, pero mi mami no lloraba ni me llevaba al hospital. Lo que hacía era frotarme el pecho con Vicks VapoRub antes de dormir, y yo amanecía mejor al día siguiente.

Mario tomó un libro y se puso a leer, así que yo me fui a la cocina a ver a la tía Angélica preparar la cena.

Mi papá llegó justo a la hora de la cena, pero venía solo. Nos dijo que mi mami lo había llamado al trabajo desde el hospital y que él había manejado directo hasta allí para verlas, pero que cuando terminó la hora de visitas mi madre se había negado a alejarse de Laura.

—Papá, ¿cómo está Laura? ¿Cuándo vendrá mi mami a casa? —le pregunté. Él sacudió la cabeza y no me respondió. Sin mi mami y sin Laura, el silencio reinaba en la mesa.

Cuando la tía Angélica y yo terminamos de lavar los platos, llegaron mi tía Alma y mi abuelita Juanita, y los adultos se pusieron a platicar en susurros.

—Es grave; es meningitis —escuché a mi papá decirle

a mi tía, aunque no entendí lo que quería decir esa palabra—. Varias personas del barrio la han contraído y algunos han muerto, pero no sabemos si Laura… —mi papá me vio ahí escuchando y no terminó la oración.

Cuando mi tía Alma y mi abuela se marcharon, mi papá le pidió a la tía Angélica que remojara nuestra ropa en agua hirviendo para evitar que se propagara la enfermedad que había contraído Laura. Ya era tarde, pero mi tía prendió la lavadora antigua (un gran tanque con una manivela) y lavó toda nuestra ropa, pijamas, toallas y sábanas, incluso lo que ya estaba limpio. Tuvo que colgar todo afuera para que se secara. Esa noche, muy tarde, la ayudé entre bostezos a hacer las camas con sábanas frescas, recién bajadas del tendedero.

Sin Laura, en nuestro cuarto se sentía un silencio siniestro. La tía Angélica se esmeró en doblar y acomodar la ropa, las toallas y las sábanas sin platicarme mucho. Yo seguía sin entender lo que le había pasado a Laura, por qué se había enfermado tanto.

Al despertar al día siguiente, vi la cama de Laura vacía y recordé que mi hermana estaba en el hospital y que mi madre la estaba acompañando. La tía Angélica nos preparó el desayuno y después Mario y mi padre salieron para la escuela y el trabajo. Antes de irse, mi papá nos dijo que después del trabajo iba a ir al hospital, pero no dijo cuándo regresarían mi mami y Laura a la casa. Una vez más, me quedé encerrada todo el día con la tía Angélica. A ella se le olvidó encender la radio, así que nuestra casa, que normalmente era animada, estaba en silencio. Nosotras también permanecimos en silencio.

Después del almuerzo, más tarde de lo acostumbrado, mi tía me llevó a la clase con la hermana Díaz. La tía Angélica conocía a la hermana Díaz y, al finalizar la clase, decidieron ir al hospital a visitar a mi mami y a Laura. Recuerdo cuando nos subimos a la camioneta de la hermana Díaz, un carro largo y bajo con mucho espacio adentro y molduras de madera por fuera.

En otras circunstancias, me hubiera emocionado mucho montar en una camioneta, pero ese día no. Cuando llegamos al hospital, me quedé con mi tía esperando en el carro. La hermana Díaz regresó después de un rato que me pareció eterno. Se veía muy triste y nos dijo que Laura se iba a mejorar, pero que todavía estaba muy enferma. Que mi madre iba a seguir quedándose con ella.

Sin previo aviso, mi mundo se había convertido en un lugar muy oscuro. Extrañaba a mi madre y a Laura. Aunque solo tenía cinco años, sabía que una enfermedad que implicara una estadía en el hospital tenía que ser algo grave. Nadie nos había explicado a Mario ni a mí lo que estaba pasando, pero yo no podía olvidar que mi papá había dicho que algunas personas habían muerto. Mi hermana se podía morir; y si sobrevivía, podría demorar mucho tiempo en mejorarse. Teníamos mucho miedo.

A Mario y a mí no nos permitían visitar a mi mami y a Laura. Al cabo de unos días, las extrañábamos tanto, que mi padre nos llevó al hospital.

—Salgamos del carro —nos dijo, mientras se estacionaba. Nos indicó cuál era la ventana del cuarto de Laura, y Mario y yo nos quedamos mirándola mientras mi papá entraba al hospital. Unos minutos después, vimos a mi mami en la ventana abierta, asomándose por entre las cortinas.

—¡Allá está! —exclamó Mario mientras mi madre nos saludaba con la mano.

—¡Mami! ¡Mami! —la llamamos a coro, aunque ella estaba muy lejos para escucharnos. Ella nos lanzó un beso y se metió, dejándonos a Mario y a mí a punto de estallar en llanto.

Cuando mi padre regresó, Mario y yo todavía estábamos mirando hacia la ventana por donde se había asomado mi mami. Mi papá muy seguramente notó nuestra tristeza.

—Vamos a comer helado —dijo mientras señalaba un Dairy Queen que había junto al hospital.

Comer helado era todo un acontecimiento para nosotros. Dejamos el carro en el estacionamiento del hospital y caminamos hasta la ventanilla del Dairy Queen a comprar nuestros helados. Mario preguntó si podía pedir el suyo con el cono cubierto de chocolate. Para nuestra sorpresa, mi papá dijo que sí, aunque así era más caro.

Yo estaba encantada con el espiral de crema batida que la empleada de Dairy Queen puso en la punta de mi helado. Después, mientras ella sumergía el cono de mi hermano en una olla de chocolate derretido, me pregunté por qué el helado no se derretía también. Mi papá pagó, y nos sentamos en una banca que había fuera. Mientras lamíamos el dulce helado platicamos acerca de cómo estaban mi mami y Laura.

—A Laura le hubiera gustado mucho este helado. ¡Le encanta el chocolate! —dijo Mario. Todos estuvimos de acuerdo, pero también dijimos que mi mami le hubiera tenido que dar el helado; de lo contrario, hubiera ensuciado todo. "Si Laura y mi mami estuvieran aquí", pensé, "yo les daría todo mi helado, sin dejar nada para mí".

Pero no estaban con nosotros. Miré hacia el hospital, al otro lado de la calle, a la ventana donde había visto a mi mami. Se veía diminuta y lejana.

Unos días más tarde, después del desayuno, la tía Angélica me dijo:

—Sylvia, mañana es el cumpleaños de tu mamá. ¿Me ayudas a hacerle un pastel?

Yo había pensado que, como Laura estaba hospitalizada, no íbamos a poder celebrar el cumpleaños de mi mami.

—Hagamos un pastel de fresa —dije—. Es su favorito.

"Y tendrá que venir a comérselo", pensé.

La tía Angélica me dijo que mi mami no iba a separarse de Laura, ni siquiera por ser su cumpleaños; pero que mi papá podría llevarle el pastel y darle la sorpresa.

El día siguiente era sábado, así que mi papá no fue a

trabajar. Tan pronto terminamos el desayuno, mi tía y yo nos pusimos a hacer un pastel de fresa con crema rosada y fresas por encima. Era el primer pastel que hacía en mi vida y me sentía muy orgullosa. Cuando mi papá se levantó, el pastel ya estaba listo.

—A tu mamá le va a gustar —me dijo. Propuso que, en lugar de llevarle el pastel completo al hospital, le llevara una rebanada grande. ¿No se le ocurría que una rebanada no iba a ser suficiente?

—Tienes que llevar dos rebanadas: una para mi mami y otra para Laura —le recordé. Mi padre solo asintió, y no entendí por qué los ojos se le llenaron de lágrimas.

Mientras mi papá desayunaba, la tía Angélica cortó dos enormes rebanadas de pastel. Las puso sobre un plato y las cubrió con papel aluminio. La crema se pegó al papel aluminio.

Cuando mi papá terminó de comer, se alistó para ir al hospital, pero se le olvidó el pastel. Por suerte, yo me di cuenta antes de que el carro arrancara. Cuando mi papá me vio salir por la puerta corriendo, se detuvo. Le di el plato con el pastel y él lo puso con mucho cuidado a su lado, en el asiento del pasajero.

—Dile a mi mami que le mandé a decir feliz cumpleaños, *happy birthday* —le dije, y él asintió.

Mientras mi papá se alejaba, me senté en las escaleras de la puerta y lloré. Extrañaba mucho a mi madre y ahora ni siquiera iba a poder verla comerse su pastel de cumpleaños. Mi tía salió y se sentó a mi lado. Me abrazó con cariño mientras veíamos el carro de papá voltear en la esquina y perderse de nuestra vista. Laura seguía enferma y mi mami estaba con ella, y no podíamos hacer nada al respecto.

Mami

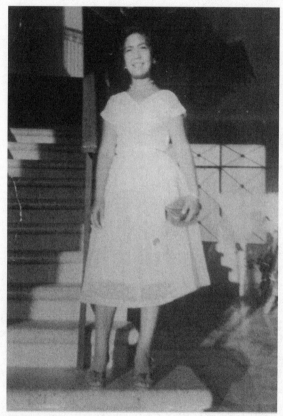

Tía Angélica

CAPÍTULO 4

No es la misma

No pude ver a mi mami el día de su cumpleaños. Esa noche, mi papá regresó del hospital y me dijo que a mi mami le había gustado su pastel. La tía Angélica nos sirvió unas rebanadas enormes después de la cena. Estaba delicioso.

—¿A Laura le gustó? —le pregunté a mi papá. No me contestó; solo se levantó de la mesa. Yo me levanté para ir detrás de él.

—Laura todavía está demasiado enferma para comer —me dijo la tía Angélica, sacudiendo la cabeza.

Me imaginé a mi mami comiéndose su pastel de cumpleaños y a Laura tendida en la cama, sin hambre.

Durante las tres largas semanas que pasó Laura en el hospital, solo vi a mi madre unas pocas veces, cuando venía a casa a cambiarse de ropa. Según las normas del hospital, Mario y yo éramos muy pequeños para ir de visita. Me pareció una norma estúpida. Mi tía a veces me llevaba al hospital, pero yo tenía que quedarme en la sala de espera mientras ella visitaba a mi mami y a Laura. Mi tía siempre regresaba triste, pero me decía que Laura estaba un poquito mejor.

Mi mami no quería dejar a Laura sola en el hospital, así que, cuando quería venir a casa, alguien tenía que quedarse con ella. Normalmente era la hermana Díaz quien lo hacía. Mi papá la recogía en la iglesia, la llevaba al hospital y luego traía a mi mami a casa.

Mi mami siempre nos abrazaba a Mario y a mí al llegar a casa, pero se veía muy triste y preocupada. Se retiraba a su cuarto a bañarse y cambiarse de ropa, y yo la escuchaba llorar al otro lado de la puerta cerrada. Yo quería ayudar, igual que lo hacía antes de que Laura se enfermara. Pero, ¿qué podía yo hacer? Ni siquiera me atrevía a abrir la puerta.

Al igual que mi mami, mi papá estaba preocupado y afectado, pero tenía que seguir trabajando. Todas las tardes, al terminar su jornada, iba al hospital a visitar a mi mami y a Laura. Durante esas largas semanas, la tía Angélica se hizo cargo de nuestra comida y nuestra ropa.

Un domingo, estando Laura todavía en el hospital, mi abuelito Mario, el padre de mi papá, vino a visitarnos. Hacía mucho tiempo que no lo íbamos a ver a su casa de El Paso. Ahora, él vino a nuestra casa. Antes de que mi abuelito llegara, mi padre salió a esperarlo. Miraba a ambos lados de la calle y revisaba su reloj una y otra vez. Nunca lo había visto tan nervioso y temeroso.

Al fin llegó un carro del cual salieron mi abuelo y otro hombre. A mi abuelito no le gustaba manejar, así que un amigo lo había traído. Mi papá los invitó a pasar, pero su padre sacudió la cabeza. Estaba muy elegante, como siempre, y hasta llevaba un sombrero tipo fedora.

La tía Angélica había decorado la sala con bonitas carpetas de encaje sobre los respaldos del sofá y las sillas. Como mi abuelo no iba a entrar, mi tía salió con una charola con galletas, café y agua de frutas. Mario y yo comimos galletas.

Por lo general, nuestras visitas se quedaban por un buen rato, conversando con los adultos, comiendo y contando historias. Mi hermano y yo teníamos muchas ganas de mostrarle al abuelo nuestros cuartos y el patio, pero al cabo de unos minutos mi abuelito dijo que ya era hora de ir al hospital a visitar a mi madre y a Laura.

Antes de irse, mi abuelito le recordó en un tono brusco a mi hermano (que llevaba su mismo nombre) que se portara bien en la escuela. Yo le tenía un poco de miedo, pero lo abracé al despedirme. Él salió disparado, llevándose consigo a mi papá.

Mario y yo ayudamos a mi tía a llevar los platos a la cocina.

—Yo quería mostrarle mis aeromodelos —dijo Mario.

—¿Por qué la visita de mi abuelito fue tan corta? —le pregunté a mi tía.

—Él quería ver a tu madre y a Laura y quizás tenía prisa de regresar a El Paso —dijo la tía Angélica. Más tarde dijo que el abuelo probablemente temía enfermarse como Laura. Si eso era cierto, ¿entonces por qué fue al hospital a verla?

Me dio tristeza que mi abuelo no se hubiera quedado más tiempo y me sentí decepcionada porque no había estado más tiempo con Mario y conmigo. Estaba claro que mi padre idolatraba a su padre, y mi abuelito Mario era un hombre inteligente a quien parecía que le importábamos cuando nos tenía cerca. Sin embargo, contrario a nuestras abuelas, que eran parte de la familia cercana, mi abuelo era más bien como un visitante más. Esta fue la única vez que hizo el viaje de cuarenta y cinco millas a Las Cruces para visitar a su hijo mayor, su hija o sus familias. Después de ese día, si queríamos verlo, teníamos que viajar a El Paso.

Una noche, varios días después de la visita de mi abuelito, mi padre anunció:

—Mamá y Laura vendrán a casa mañana.

—¿Ya se mejoró Laura? —pregunté.

Mi papá se quedó callado durante un minuto.

—Se está comenzando a mejorar —dijo por fin—. Tú y Mario van a tener que ayudarla.

La noticia se regó por la calle Griggs, y algunas personas llegaron a mi casa con comida. Mi mami había regalado la cuna de Laura hacía unos meses; pero, cuando la vecina que la tenía supo que Laura regresaba a casa, nos la devolvió. Yo me hice cargo de que Cucá estuviera esperando a Laura en su cuna.

El día siguiente era sábado. Después de desayunar, mi padre fue al hospital y trajo a nuestra madre y a nuestra hermanita a casa. Mi papá entró con Laura en brazos y la acostó en la cuna, mientras mamá cerraba las cortinas de todos los cuartos. En el nuestro, colgó toallas sobre las cortinas para evitar que entrara luz. Laura llegó dormida, pero incluso después, cuando despertó, no parecía darse cuenta de que estábamos con ella.

En el hospital le habían dado a Laura un par de gafas baratas de plástico para protegerle los ojos.

—Laura —la llamé suavemente, tratando de mirarla a los ojos a través de los lentes—. Laura-ca-laura, Laura-ca-laura —pero ella se quedó mirando hacia el horizonte, como si yo no estuviera allí, igual que el día en que se enfermó.

"Al menos ahora no está encendida en fiebre como esa vez", pensé.

Con voz triste, mi mami nos explicó que la enfermedad había afectado la vista de Laura.

—¿Se va a mejorar? —le pregunté.

Dijo que no lo sabía, que era muy pronto para saber si Laura volvería a ver.

Las persianas estaban ahora cerradas todo el tiempo, y nuestra alegre casa se había vuelto oscura y triste. Mi madre ya no cantaba ni nos daba vueltas alrededor de la cocina al ritmo de la música de la radio. Estaba tan triste que no jugaba conmigo ni platicaba mientras cocinaba o limpiaba. Cuando Mario se iba a la escuela por la mañana, yo no sabía qué hacer. La casa estaba muy callada y, luego de intentarlo una vez, había dejado de ir a mis clases con la hermana Díaz durante el tiempo en que Laura estuvo hospitalizada.

En ese entonces no me daba cuenta de que algunas de las amigas de mi madre habían decidido no visitarnos porque les daba miedo contagiarse de la enfermedad de Laura. Las veíamos en la iglesia, pero no venían a saludarnos a la casa. Mi mami le comentó a mi papá al salir de la iglesia que no todo el mundo nos hablaba, y él solamente sacudió la cabeza.

Antes de que Laura se enfermara, yo me hacía cargo de cuidarla mientras mi mami lavaba los platos y limpiaba la casa. Ahora, mi madre estaba siempre vigilando a Laura. Movía la cuna de Laura al cuarto de la casa donde iba a estar, para tenerla siempre a la vista.

Yo me asomaba a la cuna, miraba a Laura con detenimiento y le platicaba, pero ella no estaba interesada en mí ni en las cosas que antes hacíamos juntas. Ni siquiera podía verle los ojos a través de los oscuros lentes. Muchas veces, mi mami salía del cuarto hecha un mar de lágrimas porque su propia hija no parecía reconocerla. Solo lo hacía, sin embargo, cuando la tía Angélica estaba en el cuarto. No volvió a dejar a Laura sola conmigo, como antes.

Yo sabía que Laura no podía ver, pero me costaba mucho imaginarme cómo podía ser aquello. Caminaba por la casa con los ojos cerrados, pero todo el tiempo me tropezaba con las paredes o las sillas. Mis ojos se abrían de golpe y, en un instante, podía volver a ver. Laura no se daba cuenta cuando yo entraba al cuarto y no me volteaba a ver a menos que dijera su nombre. Y no siempre se daba cuenta de que yo le estuviera hablando.

Un día, mi mami dijo "Laura" mientras le daba una cucharada de papilla de plátano, y Laura volteó a verla con los ojos completamente abiertos. "Laura" repetí yo, y mi hermana volteó la cabeza hacia donde yo estaba. ¿Podía verme o solo estaba respondiendo a mi voz? Era difícil saberlo, pero me pareció que me miraba a los ojos.

Nos tomó un tiempo estar seguros, pero pronto nos dimos cuenta de que, al ponerle una muñeca en frente, ella la tomaba sin que le dijéramos nada. Ahora sabíamos que Laura no estaba ciega.

A pesar de que podía ver, Laura seguía callada. Abrazaba a su muñeca y se quedaba mirándome fijamente sin decir nada. Ya no platicaba, ni en inglés ni en español, ya no corría detrás de Mario y de mí. Mi hermanita ya ni siquiera podía caminar. Todo lo que hacía era sentarse sobre el piso, en pañales, e impulsarse lentamente con sus piernas y sus tobillos.

Mi mami y la tía Angélica pasaban horas todos los días en la sala cantándole y platicándole a Laura mientras le movían los brazos y las piernas con la esperanza de que ello la ayudara a volver a hacer todo lo que hacía antes de enfermarse.

Cuando mi mami salía del cuarto, la tía Angélica entraba, se ponía en cuclillas detrás de Laura y la ponía de pie con cuidado, animándola a caminar. Luego prendía la radio y le cantaba mientras se movían en círculos sobre el piso de madera, mi tía sosteniendo a Laura derecha y moviéndole las piernitas. "Canta y no llores, cielito lindo". La tía Angélica le cantaba a Laura canciones de amor, y a veces yo también cantaba.

Luego de varios meses que parecieron eternos, Laura volvió a caminar y a hablar, pero su personalidad cambió. Todavía le encantaba estar con la gente, pero le costaba mucho comunicarse, entender lo que le decían. Durante esos primeros meses, apretaba fuertemente a Cucá mientras nos miraba fijamente, como tratando de comprender lo que le pasaba. Mario y yo bailábamos y cantábamos en frente de su cuna, con la esperanza de que reaccionara. Antes, le encantaba levantarse, sosteniéndose de la baranda, mirándonos y riéndose. Ahora, sin importar lo que hiciéramos, ella siempre estaba acostada, en silencio.

Cuando Laura regresó del hospital, mi padre regresó a su rutina: su trabajo, la biblioteca, las visitas a su hermana y su madre al otro lado del pueblo y a su padre en El Paso. Para mi padre, su hijita había sobrevivido a una terrible enfermedad y se estaba recuperando.

Sin embargo, mi papá no regresó a la iglesia. Antes de que Laura se enfermara, se había desempeñado como pastor laico y líder del coro de nuestra iglesia. Después de la enfermedad de Laura, se sintió traicionado al ver que muchos miembros de la congregación, en lugar de acercarse a apoyarnos, se mantuvieron alejados de nosotros por miedo a contraer la meningitis. En realidad, nunca explicó por qué había dejado de ir a la iglesia; pero nunca regresó. Nunca supe, ni siquiera ya grande, si la verdadera razón fue su malestar por el comportamiento de los otros miembros de la iglesia o el hecho de que su propia fe se debilitó por la enfermedad de Laura. Mi papá, sencillamente, no hablaba nunca de estas cosas.

Una de las amistades que nos siguió visitando fielmente fue la hermana Díaz. Durante su recuperación, Laura tuvo que tomar muchas medicinas, y siempre lloraba y se resistía a recibirlas. Cuando todos los demás se rendían, la hermana Díaz la hacía tomar y tragar las medicinas, con una mezcla de bondad y firmeza. Por primera vez me di cuenta de que la estricta manera de ser de mi maestra, junto a su gran corazón, podían resultar útiles. Al cabo de unas semanas, mi mami me dejó volver a tomar mis clases con la hermana Díaz, lo cual me proporcionó un gran alivio. Con todo lo que había pasado, mi madre había olvidado que la hermana Díaz me estaba enseñando inglés. Me hizo muy feliz volver a estudiar las letras y los números en aquel cuartito de la iglesia.

A pesar de que nuestros familiares y la mayoría de

nuestros amigos se esforzaron por hacernos la vida más llevadera, mi madre permaneció muy triste por un buen tiempo. Se culpaba a sí misma por la enfermedad de Laura y, de alguna manera, creía que había sido un castigo de Dios, a pesar de que sabía que otra gente también se había enfermado y que el mal era causado por un organismo microscópico. Ella sabía todo eso y, aun así, no podía evitar sentirse culpable.

De los tres, Laura era la que más se parecía a mi madre en su manera de ser. Con el tiempo, se hizo evidente que la enfermedad había afectado su cerebro de manera permanente. La niñita a quien le fascinaba aprender, bailar, correr detrás de los niños del vecindario, leer libros y platicar sin pausa ahora era diferente.

Mi mami fue la primera en darse cuenta de que Laura no se iba a recuperar completamente, y le frustraba que mi padre no la comprendiera. "No entiendes. Ella está cambiada", le decía. Sentía que había perdido a su hija menor, casi como si Laura se hubiera muerto. Guiada por la mentalidad mexicana de no dejar que las malas noticias se hagan realidad, mi mami trataba a Laura de la manera más normal posible, pero en el fondo estaba inconsolable.

Respecto a mi padre, él solo siguió trabajando. ¿Qué otra cosa podía hacer si tenía una familia que mantener?

A pesar de que todavía estaba consumida por la pena, mi madre comenzó a tomar cartas en el asunto. Llegó a la conclusión de que, si hubiera sabido manejar el día que Laura se enfermó, habría podido llegar más rápido al hospital.

Antes, mi padre se había resistido a la idea de que mi madre aprendiera a manejar y se volviera más independiente. En aquel entonces no era común en nuestra comunidad que las mujeres manejaran y, como cabeza de familia, mi papá sentía que lo más natural era que él fuera el único que manejara en la familia.

Una noche, después de cenar, mi mami le informó a mi papá, con una voz firme, que iba a tomar clases para sacar su licencia de manejar.

—Una vez que la tenga, podré usar el carro durante el día, mientras estás en el trabajo —le dijo.

Yo nunca había oído a mi madre hablar en ese tono. Mi padre protestó, pero mi mami se había preparado para responder a cada objeción posible. Como solo teníamos un carro, le dijo que ella se levantaría temprano para llevarlo a la parada del camión que llevaba a los empleados al campo de misiles; que usaría el carro durante el día y que lo recogería en la tarde.

Al final, mi papá no le prohibió a mi mami tomar clases de manejo.

—Manejar es más difícil de lo que parece —le advirtió.

Mi mami no le respondió nada. Todos sabíamos que no hacía falta. Mi mami se había salido con la suya y ahora tenía que demostrarle a mi papá que era capaz de aprender a manejar.

Mi madre ya había contratado a alguien para que le enseñara a manejar mientras mi padre estaba en el trabajo. Al día siguiente después del almuerzo, un carro llegó a nuestra casa y, ante la mirada de la tía Angélica, de Laura y mía, el instructor se pasó al asiento del pasajero y mi mami se sentó detrás del volante. Partió lentamente y con cuidado, y regresó una hora más tarde, luciendo cansada pero triunfante.

Al poco tiempo, mi mami pasó el examen y llegó a casa con su licencia de manejo. Todavía se sentía triste por Laura, así que no celebró su logro con la euforia de antes.

Actuó como si fuera algo que tenía que hacer y simplemente lo hizo.

Pienso que mi padre no creía que ella en realidad fuera a lograrlo. Pero a la mañana siguiente, muy temprano, mi mami se alistó para llevar a mi papá al punto de control donde se tomaba el camión para el Campo de Misiles de White Sands. También se aseguró de que él estuviera listo temprano.

Aunque yo era una niña, me di cuenta de que las cosas entre mis padres habían cambiado. En lugar de las pláticas juguetonas de antes, había entre ellos un silencio incómodo. Los dos estaban tristes, pero no sabían cómo estar tristes juntos. Yo quería que volvieran a ser felices, que se rieran y se hicieran bromas el uno al otro y también a nosotros. Sin embargo, la enfermedad de Laura había alterado la relación de mis padres, y pasó mucho tiempo antes de que yo me diera cuenta de que las cosas no iban a volver a ser como antes.

Mi madre observaba las calles sucias a nuestro alrededor, las pequeñas casas deterioradas, los patios estrechos y los perros callejeros. Ella sabía que el brote de la meningitis solo se había dado en nuestro vecindario. De presentarse otra epidemia, estaba segura de que también comenzaría ahí. Y mientras la ciudad hizo muy poco para proteger a los habitantes de la calle Griggs, ella estaba dispuesta a hacer lo que fuera para proteger a su familia. A pesar de que mi mami amaba nuestra comunidad, tomó una decisión: aunque le tomara un buen tiempo encontrar una nueva casa, nos mudaríamos a otro lugar.

Laura, a los tres años, luego de haber recuperado su vista

CAPÍTULO 5

Un comienzo prometedor y una credencial de la biblioteca

Durante los largos meses después de que Laura regresó del hospital, mi madre siguió sintiéndose muy triste. Yo cargaba a Laura y ayudaba a cuidarla, pero ella ya no jugaba como antes. A pesar de que ya se había recuperado considerablemente, pasaba gran parte del tiempo sentada, en silencio, abrazando a su muñeca. Nos miraba a Mario y a mí, pero no intentaba jugar con nosotros, ni imitaba lo que hacíamos. No repetía las palabras que yo le decía ni trataba de cantar con mi mami. Pero lo peor era la manera en la que actuaba mi mami: distraída, sin mostrar ningún interés en mí, en nuestra comunidad ni en otra gente.

Yo deseaba poder ir a la escuela con Mario para escapar del silencio de nuestra casa.

Poco a poco, Laura recuperó la vista y, al cabo de muchos meses, comenzó a jugar. Un día, puse un disco y ella comenzó a moverse al ritmo de la música.

—¡Laura está bailando! —llamé a mi madre.

Mi mami sonrió al verla, pero no se emocionó tanto como yo pensé que lo haría. De todos modos, el progreso de Laura me llenó de esperanza. Pasó un bien tiempo antes de que me diera cuenta de que ya no era capaz de aprender nuevas cosas de la manera como lo hacía en el pasado. En lugar de platicar e imitarnos a Mario y a mí, se quedaba rezagada cuando estaba con otros niños de su edad, caminaba de manera inestable mientras ellos corrían y daba respuestas de una palabra mientras que ellos hablaban con oraciones completas. Su vida ahora iba a ser muy diferente a la que hubiera tenido de no haberse enfermado.

Mi madre ya se había dado cuenta y eso explicaba su tristeza. Pero yo tenía tan solo cinco años y mantenía viva la esperanza de que algún día nos despertáramos y encontráramos todo como era antes, con una hermanita inteligente y activa y unos padres felices. Y una madre que cantaba.

Todas las noches, durante años, pedía en mis oraciones que a la mañana siguiente Laura se despertara como era antes para que nuestra familia fuera de nuevo feliz.

Mientras tanto, Mario iba a la escuela todos los días y yo me tenía que quedar en casa. Los libros que él traía a casa eran cada vez más difíciles a medida que cursaba el primer grado y luego el segundo. Contaba historias sobre sus maestros y sobre los amigos que hacía en la escuela.

Por ahora, mis clases con la hermana Díaz eran lo más importante de mi semana. Me encantaba atravesar la puerta de nuestra aula provisional y sentarme a deletrear palabras, hacer sumas básicas y practicar mi escritura durante una hora. Pero lo que más me gustaba era platicar con la hermana Díaz en inglés, que ella me hiciera preguntas y darme cuenta de que yo sabía las palabras para responder correctamente.

Sin embargo, aunque había llegado a querer a mi maestra y sabía que yo le importaba, me moría de ganas de que ya fuera agosto para comenzar primer grado en la Escuela Primaria Bradley. Tenía mucha prisa de alcanzar a Mario y me emocionaba la idea de aprender muchas cosas nuevas.

Un día de primavera, mi hermano trajo a casa un papel. Su maestra de segundo grado dijo que el papel contenía información acerca de la manera como niños de mi edad podían comenzar la escuela aunque todavía no tuvieran la edad para entrar a primer grado. Mario no supo decirle nada más a mi mami, y el papel estaba en inglés, así que mi madre tuvo que pedirle a una vecina que le contara qué decía.

La vecina le dijo a mi mami que se trataba de un programa piloto llamado "Head Start" (comienzo prometedor). Era para niños como yo, que estaban cerca de la edad para entrar a la escuela. Se llevaría a cabo durante el verano en la Escuela Primaria Bradley e incluía comidas, exámenes médicos y clases para prepararnos para primer grado, y todo gratis.

Después de traducir el papel, la vecina le dijo a mi mami que no me registrara para el programa. Le dijo que no sabíamos lo suficiente al respecto y que, además, era solo para niños de familias pobres. El brote de meningitis había tenido lugar apenas unos días después de que a los niños de nuestro vecindario nos dieran un cubo de azúcar con unas gotas de una medicina. Nadie sabía por qué el brote solo se había dado en la zona de Las Cruces donde vivíamos, pero ahora, como consecuencia, la gente desconfiaba de los programas del gobierno. ¿Cómo saber si Head Start realmente nos iba a favorecer? Fue solo con el paso de los años que la gente gradualmente comenzó a darse cuenta de que la vacuna contra la polio había funcionado, ya que no hubo nuevos casos de esa terrible enfermedad. Sin embargo, la desconfianza permaneció.

Esta vecina no era la única que desconfiaba de Head Start. Mi madre pronto se enteró de que la mayoría de nuestros vecinos no iban a registrar a sus niños.

Pero mi mami pensó en sus tres niños en casa todos los días del largo y caliente verano. Le parecía que ese programa sonaba demasiado bueno para ser verdad. Sin hablarlo con nadie, excepto la hermana Díaz, decidió registrarme.

A mí me encantaba el rato que pasaba sola con mi madre temprano en las mañanas. Ella me hacía las trenzas y yo la tenía solo para mí. Un día, mientras me cepillaba el cabello frente al espejo de su cuarto, mi mami me preguntó si me gustaría asistir a un nuevo programa en la escuela de Mario. Dijo que no era para Mario; que él se quedaría en casa con Laura. Yo sería la única que iría a la escuela ese verano.

¡Ir a la escuela en verano! Ni siquiera tendría que esperar hasta agosto para entrar a la Escuela Primaria Bradley. Vi mi sonrisa en el espejo. Y mi mami no pudo evitar sonreír también.

El primer día de Head Start, caminé de la mano de mi madre, mientras ella cargaba a Laura, por lotes arenosos llenos de artemisa y rodadoras, rumbo a la escuela de Mario, que ahora también era mi escuela.

En el vestíbulo de la escuela vi a otras mamás con niños que parecían tener mi misma edad, todos sentados y hablando bajito en español. Los niños llevaban su mejor ropa, como cuando iban a la iglesia: las niñas con vestidos bonitos y sus cabellos trenzados y los niños con pantalones formales y camisas de abotonar. Mi madre buscó a una señora llamada Mrs. Davenport, quien al parecer estaba a cargo del programa.

No pude evitar mirarla con detenimiento. La señora Davenport no se parecía a ninguna de las mujeres que yo conocía. A diferencia de mi mami y de las otras madres que estaban esperando con sus niños, la señora Davenport tenía la tez clara y el cabello castaño claro peinado de una manera que yo solo había visto en la televisión. Me parecía muy elegante, como la esposa del presidente Kennedy. Era más alta que mi madre y llevaba un vestido sin mangas y ajustado al cuerpo, con un cinturón.

Aunque la señora Davenport no hablaba español, mi madre logró decirle en su inglés chapurreado que yo era su hija y que estaba allí para registrarme en Head Start. La señora Davenport se inclinó para mirarme fijamente con los ojos más azules que yo había visto en mi vida.

—¿Cómo te llamas? —me preguntó. Me sentí orgullosa de saber la respuesta.

—Sylvia Elia Acevedo Monge —contesté con seguridad.

La señora Davenport sacudió la cabeza.

—No, demasiados nombres —dijo.

Yo miré a mi madre, confundida. Me di cuenta de que ella también estaba desconcertada cuando escuché que repetía mi respuesta.

—Sylvia Elia Acevedo Monge.

La señora Davenport preguntó cuál era el apellido de mi padre.

—Acevedo —respondió mi madre.

La señora Davenport se volteó hacia mí.

—Entonces tu nombre es Sylvia Acevedo —dijo.

La miré sin saber qué decir. Me sentí aplastada, como si hubieran encogido y desechado una parte de mí junto con los dos nombres que no se me permitía usar. Elia era mi segundo nombre y Monge era el apellido de mi madre, y me sentía orgullosa de los dos.

La señora Davenport ni siquiera se dio cuenta de lo que yo sentía. Nos llevó a una mesa y nos presentó a una señora que estaba ahí sentada. Mi madre se sentó, con Laura en su regazo, y la señora la ayudó a llenar unos documentos, mientras yo le apretaba la mano que tenía libre. Observé a las otras madres y a los niños que esperaban sentados.

Después, la señora Davenport llamó a los niños y nos pidió que la siguiéramos. Cuando todas las personas se pusieron de pie, ella sonrió y sacudió la cabeza.

—No, solo los niños —dijo.

Pero ninguna de las madres soltaba a sus hijos. Al final, nos tuvo que llevar a todos, madres y niños, al aula.

Cuando la señora Davenport abrió la puerta, me quedé boquiabierta. Adentro había un aula parecida a algo que yo pensaba que solo existía en la televisión. El cuarto completo estaba lleno de juguetes, tapetes, libros, caballetes y materiales de arte, todo en colores vivos. ¡Guau! ¡Era maravilloso!

Ahora, todos los niños estábamos inquietos, deseosos por entrar. Me despedí de mi madre y mi hermana con la mano y casi ni me di cuenta cuando se marcharon, junto con las otras madres y bebés y niños que no tenían edad para Head Start. Estaba muy entretenida, explorando, tocando los juguetes, las crayolas y los papeles, los relucientes libros.

Al cabo de unos pocos minutos, la señora Davenport nos pidió que nos sentáramos en la alfombra. Con una mezcla de inglés y gestos, nos dijo que iba a decir nuestros nombres y que teníamos que decir *"Here"*. Cuando me tocó el turno, la señora Davenport dijo "Sylvia Acevedo".

—*Here* —respondí en voz alta, tal y como nos lo había pedido, pero en mi cabeza dije mi nombre completo para mí sola: "Sylvia Elia Acevedo Monge".

Aunque no se me permitió usar mi nombre completo, mi primer día en Head Start fue bueno. Coloreamos un dibujo: un círculo grande. Y nuestra maestra nos enseñó a añadir otros círculos (una cabeza, brazos y piernas) para convertirlo en una persona. Podíamos usar una crayola del color que quisiéramos, y yo elegí el rojo. La señora Davenport nos enseñó la canción del abecedario, y me sentí orgullosa de saber todas las letras. Nos leyó un libro en inglés con muchos dibujos, y yo entendí la mayoría de las palabras. Jugamos con los juguetes y luego salimos al patio a correr.

Esa noche en casa le pregunté a mi papá por qué no podía usar mi nombre completo en la escuela. Me explicó que todo era diferente en Estados Unidos, y no me tomó mucho tiempo comprender que lo que iba a aprender no era solamente inglés sino una nueva manera de vivir.

La respuesta de mi papá me confundió. A pesar de lo mucho que había aprendido con la hermana Díaz, era muy pequeña para entender que, aunque viviéramos en un vecindario compuesto por familias parecidas a la nuestra, que visitaban a sus parientes al otro lado de la frontera y que tenían otros lazos estrechos con México, de hecho vivíamos en Estados Unidos. Y amaba a nuestra familia de Las Cruces tan unida, incluyendo a la tía Angélica y a los Barba, así como nuestro vecindario y nuestras tradiciones culturales. Amaba a mi abuelito Mario, en El Paso, Texas, y a mi abuelita Leonor, en México. No me molestaba la idea de aprender a leer y a hablar en inglés, pero no quería que ninguna otra cosa de nuestra vida cambiara.

Aunque no me gustaba lo que la señora Davenport le había hecho a mi nombre, muy pronto llegué a adorar a mi maestra. Ella saludaba a cada niño con una sonrisa y el segundo día ya se sabía los nombres de todos. Al igual que a mi madre, le encantaba cantar, y nos enseñó nuevas canciones en inglés. Respecto a mi nombre, aprendí que en Estados Unidos yo era Sylvia Acevedo, pero cuando viajaba a México aprovechaba la oportunidad de usar mi nombre completo: Sylvia Elia Acevedo Monge.

Gracias a la hermana Díaz, yo era uno de los pocos niños en mi clase de Head Start que entendía inglés. La señora Davenport se dio cuenta rápidamente de que yo sabía el abecedario y los colores y que reconocía las figuras más básicas, como los círculos, los triángulos y los cuadrados. Todo esto solía enseñarse en kindergarten, pero como en la Escuela Primaria Bradley no había kindergarten en aquel entonces, se esperaba que tuviéramos todas esas destrezas al entrar a primer grado en el otoño.

Si bien yo hablaba inglés mejor que la mayoría de los

niños e incluso sabía leer algunas palabras, no estaba interesada en el arte ni en las manualidades, ni tampoco era buena para eso. Yo no era como mi hermano, Mario, a quien le encantaba dibujar y colorear. No entendía cómo podía pasar horas sentado con sus aeromodelos y sus dibujos, dedicándoles tanto tiempo a los detalles más mínimos. Yo prefería leer o salir a jugar en lugar de quedarme encerrada haciendo manualidades.

El viernes de nuestra primera semana en Head Start, la señora Davenport anunció que haríamos una sesión de *show–and–tell* (mostrar y contar) después del almuerzo, en la cual todos podríamos alardear de los proyectos que habíamos creado con crayolas, tijeras y pegamento. Cuando me tocó el turno, sacudí la cabeza. Me daban un poco de envidia los estudiantes que mostraban su trabajo con orgullo, y no creía que ninguno de mis proyectos fuera lo suficientemente especial como para mostrárselo a los demás.

Más tarde, la señora Davenport me habló en privado.

—Sylvia, el próximo viernes, en *show–and–tell*, quiero que *tú* nos hables sobre un libro —dijo. Y luego me puso un reto—: Este libro es para niños de primer grado. Quiero que lo leas y se lo presentes a los otros niños.

El libro que me dio la señora Davenport era sobre una niña que se llamaba Jane y su hermano, Dick. *Yo* tenía un hermano. Los niños tenían un perro que se llamaba Spot y una hermanita: Sally. ¡Mario y yo habíamos tenido un perro que se llamaba Manchas, que en español significaba "spot", y una hermanita que se llamaba Laura! Yo podía leer algunas partes del libro sola, pero no entendía todas las palabras.

Al final de la clase, llevé el libro a casa y se lo mostré a mi madre. Mario estaba afuera con sus amigos, así que no me podía ayudar a leerlo. Mi madre trató de ayudarme, pero algunas de las palabras eran desconocidas para ella. Por fin, mi padre llegó a casa.

—Papá, Papá, Papá —le dije, desesperada por que me pusiera cuidado. Ahora iba a poder preguntarle el significado de las palabras que no entendía. Mi papá estaba cansado porque había trabajado todo el día, pero respondió con paciencia mis preguntas mientras mi mami hacía la cena.

Durante toda la semana, practiqué la lectura del libro. Mi madre me pidió que le dijera de qué trataba el cuento. Cuando comencé a responderle en español, me dijo:

—Dime en inglés.

Me quedé pensando en lo que me estaba pidiendo mi madre. No solo quería que le leyera el cuento en voz alta. También quería que le contara en mis propias palabras en inglés lo que pasaba. Cuando lo hice, me pidió que le explicara en español lo que le había dicho. Luego me pidió que le contara qué me gustaba del cuento.

Repetimos el mismo ejercicio durante varios días. Cada tarde, le hablaba sobre el cuento a mi madre, tratando de llegar más rápidamente a lo esencial o de darle información nueva. Tenía que pensar en nuevas palabras en inglés y luego traducirlas al español.

Cuando mi madre se sintió satisfecha con mi presentación, yo ya podía leer y hablar en inglés con seguridad, y la idea de hablar frente a la clase no me daba nervios. ¡Me daba emoción!

El viernes, en clase, nos sentamos en círculo sobre la alfombra. Sostuve mi libro firmemente entre las manos mientras mis compañeros sostenían sus creaciones: coronas, pinturas y muñecos de papel. Entonces, la señora Davenport dijo mi nombre. Sin ningún miedo, les hablé a mis compañeros de Dick y Jane y su perro, Spot. Expliqué que "Spot" significa lo mismo que la palabra en español "Manchas". Les hablé sobre su hermanita, Sally, y sobre todas las cosas graciosas que hicieron todos ellos. Les dije por qué me gustaba el libro y leí las primeras páginas en voz alta. Todos se rieron cuando leí la parte en la que Spot salía corriendo con el osito de peluche. Todos me miraban y escuchaban lo que yo estaba diciendo ¡en inglés!

Ese día, antes de irme a casa, la señora Davenport me dio otro libro para leer, con más cuentos sobre Dick y Jane y Sally. El viernes siguiente, hablé sobre ese libro en *show-and-tell*. De ahí en adelante, todas las semanas, me llevaba un libro a casa, lo leía y le contaba a mi mami de qué trataba. Luego, lo presentaba en *show-and-tell*. Me sentía orgullosa de poder leer y hablar en inglés frente a la clase, como lo hacía la señora Davenport, y con el tiempo me di cuenta de que hablar frente a un grupo de gente ya no me daba nervios.

Ahora que ya sabía leer libros completos, quise ir a la biblioteca con mi papá y mi hermano. Mario sacaba sus libros con la credencial de mi papá, pero la señora Davenport decía que los niños podían tener su propia credencial de la biblioteca para sacar libros por su cuenta.

Pensé que a mi mami le gustaría la idea de que yo tuviera más libros para aprender a leer más rápido, así que un día le pregunté si podía sacar mi propia credencial de la biblioteca.

Para mi sorpresa, no dijo que sí inmediatamente. Tampoco dijo que no. En cambio, me dijo que podía sacar mi propia credencial *si* ahorraba cinco dólares. Dijo que a mi papá le preocupaba que, si yo llegaba a dañar alguno de los libros prestados, la biblioteca nos cobraría dinero para reemplazarlo. Por eso yo tenía que tener dinero ahorrado, por si perdía o dañaba un libro.

Mi mami no mencionó a Mario, que seguía sacando libros con la credencial de mi papá. No dijo que *él* tuviera que ahorrar dinero. Yo sabía que preguntarle al respecto sería una pérdida de tiempo. A veces las normas eran diferentes para mí y para Mario. Por lo pronto, ¡yo tenía que ahorrar cinco dólares!

Ya tenía algunas monedas en mi cuarto. Se las mostré a mi mami y le pregunté si eso era suficiente.

—Tienes diecisiete centavos —me dijo—. Mira, esta es una moneda de diez centavos y esta es de cinco, y tienes dos monedas de un centavo. Diez más cinco más dos son diecisiete. Un dólar son cien centavos.

Yo eso no lo sabía.

Ese sábado, mi papá fue de compras a Juárez y llegó a casa con un gato de cerámica, negro y brillante, con una ranura en el lomo.

Es una alcancía —me explicó—. Metes dinero en ella y, cuando te das cuenta, ya tienes cinco dólares.

Mi papá no le trajo a Mario una alcancía. Solo a mí. Eso me sorprendió un poco ya que era más común que Mario tuviera privilegios que a mí no me daban. Después de todo, él era el mayor, y era un niño.

Con cuidado, metí mis monedas en la alcancía y las escuché golpear el fondo. No podía ver lo que estaba adentro, pero podía escuchar las monedas al levantar la alcancía y sacudirla.

De repente, desarrollé un ojo de lince para encontrar monedas. Cada vez que salía a la calle fijaba la mirada en el suelo y con frecuencia me encontraba una moneda de un centavo o de cinco y, de vez en cuando, hasta de veinticinco.

No muy lejos de mi casa había una tiendita donde

vendían alimentos básicos y otros artículos. A veces, mi mami nos mandaba a Mario o a mí a comprar leche o pan, y nos dejaba comprar caramelos o un refresco con el cambio. Yo comencé a guardar una parte para mi alcancía. Me compraba un caramelo barato y me quedaba con una o dos monedas.

También encontraba dinero en otros lugares. Con frecuencia metía la mano entre los cojines del sofá por si a mi papá se le había salido una moneda mientras veía televisión. Si encontraba alguna, la atrapaba antes de que él se diera cuenta. Siempre que pasábamos por un teléfono público, corría a meter el dedo por donde salía el cambio, por si la última persona en usar el teléfono había dejado una moneda.

Ahora, cuando metía monedas en mi alcancía, las escuchaba golpear otras monedas al caer, en lugar del fondo de cerámica. Sentía la alcancía cada vez más pesada cuando la cargaba, y me parecía que el gato se veía contento de ver que le estaba dando de comer tanto dinero.

En agosto, me sentí muy grande cuando le pedí a mi mami que me diera de cumpleaños un billete de un dólar.

Pareció sorprenderse de que le estuviera pidiendo eso en lugar de un juguete nuevo, pero estuvo de acuerdo. Recuerdo que doblé el billete y lo inserté por la ranura con cuidado. Sacudí la alcancía, pero mi mami me dijo que todavía no estaba lo suficientemente pesada. Así que continué buscando monedas para insertarlas por el lomo del gato.

Mientras tanto, seguí asistiendo a mis clases de Head Start. Cuando se terminó Head Start, entré a primer grado en la Escuela Primaria Bradley.

Mario ya estaba en tercero, y él y sus compañeros a veces se burlaban de los de primero. Yo no les hacía caso. Estaba en la escuela y, gracias a la hermana Díaz y a la señora Davenport, era una de las mejores lectoras de la clase. Me encantaba todo lo de mi escuela: los pasillos anchos y animados, decorados con los trabajos de los estudiantes, las rutinas, los cuentos y las canciones que aprendíamos en inglés y los juegos que usábamos para ayudarnos a aprender los números y cómo sumar y restar.

Mi maestra de primer grado se llamaba Mrs. Doggett. Había sido también la maestra de primer grado de Mario, así que yo ya sabía que era amable y que le había dicho a mi hermano que era muy inteligente. Yo quería que me fuera bien en su clase para que ella dijera que yo también era inteligente.

No todos mis compañeros de primer grado habían estado en las clases de Head Start, así que había varios estudiantes por conocer. Me sorprendió ver que nuestra aula no tuviera los tapetes, juguetes y materiales de arte y manualidades que habíamos usado en Head Start. Extrañaba a la señora Davenport, pero la señora Doggett también era buena maestra. Me dijo que se acordaba de Mario.

Casi todos los estudiantes de la Escuela Primaria Bradley eran católicos. Después de las clases, mis amigos católicos se iban a su iglesia para tomar la clase de catecismo, y yo me iba directo a casa. No me importaba irme a casa a jugar mientras mis compañeros iban al catecismo, pero me daba cuenta de que nuestra religión nos hacía diferentes a la mayoría de nuestros vecinos. Me gustaba nuestra iglesia, pero me preguntaba por qué íbamos a iglesias separadas con normas diferentes.

Mientras tanto, no había olvidado mi meta de ahorrar cinco dólares para poder sacar mi propia credencial de la biblioteca. No perdía oportunidad de conseguir monedas y echarlas por la ranura de mi alcancía. Al cabo de un rato, al echar una moneda de un centavo, la escuchaba golpear casi inmediatamente lo que parecía ser una enorme pila de dinero. La alcancía estaba casi llena.

Le pregunté a mi mami si creía que ya tenía cinco dólares. Ella levantó la alcancía.

—Está pesada —dijo. Me recordó que para sacar el dinero había que romperla, que no había otra manera. Tendió unos periódicos sobre la mesa de fórmica verde de la cocina y me dio un martillo.

Miré a mi pequeño gato negro por última vez y le acaricié la brillante cabeza. Parecía como si me mirara. Pensé que tal vez me quería decir que había mantenido mi dinero seguro, pero que ya había llegado la hora de devolvérmelo. Entonces levanté el martillo y lo dejé caer sobre el lomo del gato.

La alcancía se rompió en pequeños pedazos que volaron por toda la cocina, dejando al descubierto una pila de monedas y un billete de un dólar. Con seguridad había cinco dólares.

Mi mami dijo que antes de contar el dinero teníamos que limpiar la cocina. Puse todo el dinero a un lado de la mesa. Mi mami me indicó que enrollara el periódico tratando de envolver la mayor parte posible de los pedazos de cerámica. La cabeza del gato había quedado intacta, y me pareció que me guiñaba un ojo mientras yo doblaba el papel y lo ponía en la basura. Después tuve que barrer el piso. Luego, por fin, pude ponerme a contar mi dinero.

Yo ya podía identificar todas las monedas. Separé las de un centavo, las de cinco, las de diez y las de veinticinco y las puse en montoncitos. Luego, conté cada uno. ¡Tenía más de ocho dólares!

Mi mami me prestó un monedero viejo para que guardara mi dinero. Entonces, ella, Laura y yo fuimos a la sucursal del banco Doña Ana que había en el centro.

Entramos y fuimos directo a una ventanilla. Le dije a la cajera que quería abrir una cuenta de ahorros y vacié todo el contenido del monedero sobre el mostrador. La señora le dio a mi madre unos documentos que teníamos que llenar. Hablaba español, así que mi mami podía entender lo que decía.

La cajera me entregó varios tubitos de papel de diferentes tamaños. Me dijo que tenía que meter allí las monedas antes de abrir la cuenta. Mi mami y yo hicimos pilas de diez monedas de un centavo. Cuando completamos cinco pilas, mi mami me enseñó a abrir un tubito para monedas de un centavo y a meter las monedas adentro. Eso sumaba cincuenta centavos. Tenía varios tubos de monedas de un centavo, pero solo uno de cinco centavos y tubos incompletos de monedas de diez y de veinticinco. Pensé que mi mami era muy inteligente cuando me dijo que una de las pilas no tenía el tamaño correcto. Conté nuevamente y me di cuenta de que tenía razón. Sin embargo, ella no me hizo sentir mal por haber cometido el error. Mi mami nunca haría algo así.

En un momento, ya teníamos todas las monedas contadas y empacadas. Ahora se las podía entregar a la señora que estaba en la ventanilla. A mí me preocupaba entregar mi dinero, pero la cajera me entregó un librito que llevaba dentro mi nombre escrito a máquina. Me mostró dónde había puesto la cantidad que le había entregado y me dijo que podía traer más dinero cuando quisiera y que el banco lo mantendría seguro. Es más: una vez, cada pocos meses, el banco añadiría a mi cuenta un poquito de dinero que se llamaba "interés". Me pregunté *¿por qué?* No sabía que eso significaba que el banco me pagaba por usar mis ocho dólares mientras me los cuidaba.

Pensé que el banco era como una versión grande de mi alcancía de gato negro que había mantenido mi dinero seguro. Al salir, miré por todos los rincones del vestíbulo por si había algún gato negro meneando la cola, pero no vi ninguno.

Por fin fuimos a la biblioteca. Mi papá estaba trabajando, así que mi mami me llevó. Primero fuimos a casa a recoger a Mario. Laura también fue con nosotros, aunque era muy pequeña para sacar libros.

Mi mami ni siquiera tenía su propia credencial de la biblioteca en ese entonces. Le dijo a la señora que estaba en la recepción que quería sacar credenciales para Mario y para mí. No me pareció justo que yo hubiera tenido que ahorrar cinco dólares, pero Mario no. Sin embargo, no quise decir nada. La señora se sentó frente a la máquina de escribir. En un minuto, teníamos en la mano unas credenciales de tamaño billetera marcadas con nuestros nombres.

La señora se puso de pie.

—Yo soy la bibliotecaria —dijo.

Nos llevó a la sala infantil, un espacio soleado con estantes llenos de libros de colores vivos, todos en inglés.

También vi revistas. Encantada, tomé varios libros y se los mostré a mi mami.

—No —dijo ella—, lleva solo dos. Tienes que dejarles libros a otros niños.

Lo entendí; me pareció justo. Además, ahora que tenía mi propia credencial, podía regresar por más.

Yo en primer grado

CAPÍTULO 6

Un pupitre en la parte trasera del aula

Ya habían pasado dos años, pero mi madre todavía se lamentaba por lo que le había pasado a Laura. Mi padre no podía entenderlo. Su hijita menor estaba viva; no la habíamos perdido. Todas las noches, cuando él llegaba del trabajo, Laura corría a abrazarlo. Mi madre, en cambio, sentía que había perdido al hijo que más se parecía a ella, la nenita que iluminaba todo con su risa y su energía. Esa nenita había desaparecido.

A medida que Mario y yo pasábamos de un grado a otro en la escuela, leyendo y escribiendo en inglés, nos dimos cuenta de que mi mami tenía razón acerca de los efectos que la enfermedad había producido en Laura. Mi hermana había perdido gran parte de su capacidad para aprender. En la mente de mi madre, el vecindario que había estado colmado de risas y alegría ahora representaba la tragedia. Cuando hablaba de estos sentimientos, mencionaba las pequeñas casas y patios desordenados, y su preocupación de que volviera a presentarse en el barrio otro brote de meningitis o de alguna otra enfermedad.

A mi mami todavía la atormentaban los recuerdos de aquel día cuando Laura se enfermó. Tenía que alejarse, irse a un lugar donde nuestra familia pudiera comenzar de nuevo.

Mi madre quería explorar barrios que quedaban más lejos de donde nuestros pies nos pudieran llevar. Cuando aprendió a manejar, comenzó a aventurarse a recorrer lugares nuevos mientras Mario y yo estábamos en la escuela. No lo hacía todos los días, pero de vez en cuando nos platicaba sobre una expedición que ella y Laura habían hecho a una parte nueva de Las Cruces. A veces la tía Angélica iba con ellas. No le pusimos mucha atención al asunto hasta un día en que mi mami anunció que había encontrado una casa nueva.

Mi mami había mencionado varias veces que le habían hablado de una escuela que supuestamente era mucho mejor que la Escuela Primaria Bradley. Una noche, mientras cenábamos, nos dijo que había estado buscando una casa cerca de dicha escuela, y que acababa de encontrar una desde donde se podía llegar caminando.

Mientras mi mami describía la casa (la linda cocina con sus electrodomésticos nuevos, la espaciosa sala para la televisión, el patio), mi papá mantuvo la vista en el horizonte. Cuando finalmente habló fue solo para pedirle a Mario que le pasara otra tortilla.

Los niños nos quedamos en silencio. ¿Nos mudaríamos pronto? ¿Podríamos llevarnos todos los muebles y la ropa? ¿Qué pasaría si nos negáramos a cambiar de escuela? No sabíamos las respuestas y no estábamos seguros si podíamos hacer preguntas. Ni mi papá ni mi mami siguieron hablando, pero más tarde, mi madre y la tía Angélica nos llevaron a Laura y a mí a ver la casa. No pudimos entrar, pero miramos por las ventanas. Era mucho más grande que nuestra casa. Tenía un patio grande y una cochera techada.

Durante los días siguientes, se hizo evidente que mi padre no quería mudarse. Cada vez que mi madre tocaba el tema, él lo evitaba.

A mi papá le gustaba nuestro barrio, y no quería adquirir el compromiso de comprar una casa. Tendría que sacar dinero prestado de un banco para pagarla, algo llamado "hipoteca". Mi padre también sabía que ser dueño de una casa implicaba mucho trabajo. A veces, los fines de semana, Uncle Sam le pedía a mi padre que lo ayudara a hacer ciertas labores en su casa, como cortar el pasto y hacer reparaciones. Mi papá prefería mil veces pasar el día en la biblioteca que limpiando las canaletas o trabajando en el patio. No era muy bueno con las manos.

Pero había algo más. Cuando mi papá era un jovencito, a los niños de las familias mexicanas los relegaban a aprender oficios técnicos en lugar de motivarlos para que fueran a la universidad. Cuando a muchachos como él les decían que eran buenos con las manos, a veces significaba que les estaban diciendo que no eran lo suficientemente inteligentes para ir a la universidad. Mi papá era bastante inteligente y había ido a la universidad. Mucho más tarde se me ocurrió que por ello quizás se sentía orgulloso de no ser bueno en las labores domésticas.

En resumen, mi papá tenía bastantes razones para preferir alquilar una casa, como aquella en la que vivíamos, a comprarla. Sin embargo, mi madre no pensaba rendirse. La siguiente vez que vimos a la tía Alma y a Uncle Sam, mi mami sacó el tema de la nueva casa.

Uncle Sam sentía que era como el hermano mayor de mi padre. Lo había ayudado a conseguir empleo y se veían en el trabajo. Mi papá también los visitaba todos los domingos por la tarde, después de ir a la biblioteca de la Universidad Estatal de Nuevo México, adonde mi padre iba a leer revistas de química. Cuando Uncle Sam dijo que ya era hora de que mi papá comprara una casa, mi padre supo que tenía que escuchar su consejo. A regañadientes, mi papá aceptó comprar la casa que mi mami había elegido, y al final firmó los documentos del préstamo, dejando que ella se encargara de empacar y de todos los demás preparativos, con la ayuda de la tía Angélica y Uncle Sam.

Era un hecho. A pesar de que estábamos en la mitad del año escolar, dejaríamos nuestra unida comunidad, donde todo quedaba cerca (la iglesia, la escuela y todos nuestros amigos).

Me hacía feliz ver a mi mami tan emocionada, pero yo no sentía el mismo entusiasmo. Amaba mi escuela y detestaba la idea de tener que despedirme de mis maestros. Mi último día de clase en la Escuela Primaria Bradley no quise que nadie me viera llorar, así que no caminé a casa con mis amigos. En cambio, me fui corriendo, mientras oía que me llamaban; las lágrimas me rodaban por las mejillas.

Ese día, el tiempo estaba excepcionalmente gris y frío para Nuevo México. Antes de entrar a nuestra vieja casa de la calle Griggs, me limpié las lágrimas con la manga de mi abrigo. Para entonces ya me había dado cuenta de que mi madre veía la mudanza como un nuevo comienzo para la familia. No quería que se diera cuenta de lo triste que yo estaba.

Adentro, mi mami y la tía Angélica tenían todo organizado. Mi tía solía venir a visitarnos por largas temporadas, y nos ayudó con la mudanza. Mi último día en la escuela Bradley fue un viernes. La noche del sábado dormimos en nuestra nueva casa de Kay Lane, en camas hechas con sábanas limpias.

Cuando me levanté el domingo por la mañana me di cuenta de que mi madre y la tía Angélica habían pasado casi toda la noche organizando la casa. Mi madre nos tenía el desayuno listo y llegamos a la iglesia a tiempo. Se sentía muy raro ir en carro a la iglesia, en lugar de caminar un par de cuadras, como antes.

Nuestros amigos de la iglesia nos saludaron como si nos hubiéramos ausentado por un año y no por tan solo un día. La hermana Díaz me preguntó si me gustaba mi nueva casa. No sabía qué decirle. Mi madre se alegró de ver a sus amigas y las invitó a todas a visitarnos. Como la nueva casa estaba retirada y la mayoría de las amigas de mi madre no manejaban, le dijeron a mi mami que ella iba a tener que visitarlas ahora. Al terminar el servicio religioso, miré calle abajo con nostalgia, deseando que pudiéramos regresar a nuestra vieja casa.

Lo que hice esa tarde, en cambio, fue inventar un juego nuevo para que Laura y yo organizáramos los juguetes y la ropa en nuestro nuevo cuarto, que era más amplio. Para mi hermanita, mudarse a una casa nueva era toda una aventura. Se sentía feliz con solo poder jugar conmigo, tender la cama de su muñeca y seguirme a todas partes.

Mientras organizaba nuestro cuarto, tuve que admitir que era más bonito que el que teníamos en la casa vieja. El clóset me parecía enorme. Cuando terminamos de desempacar nuestras cosas, todavía quedó espacio libre. Cabía hasta un escritorio.

Me tomó pocos días darme cuenta de que nuestra nueva colonia era completamente diferente a todo lo que yo había visto antes. Para comenzar, todo el mundo hablaba inglés. Tuve que acostumbrarme a no escuchar a la gente hablar español, excepto en casa. Las casas de nuestra colonia eran nuevas. Fueron construidas en un antiguo viñedo donde se había sembrado algodón durante la época de la Prohibición, en los años veinte. Durante nuestros primeros años en esa casa, brotaban plantas de algodón en el patio. Cuando nos mudamos, solo había tierra tanto en el patio como en el jardín del frente. Muy pronto, crecieron pasto y algunas hierbas, las más malvadas y persistentes del planeta. Mi mami sembró árboles de manzanas silvestres, sauces y moreras, y también trató de cultivar vides, que trepaban por todas las rejas.

La casa en sí tenía dos baños, una cocina con una barra nueva de formica, una terraza trasera con mosquitero y puertas corredizas de vidrio, una cochera techada con su camino de entrada para el carro y una unidad de aire acondicionado en el techo. ¡Nunca antes habíamos vivido en una casa con aire acondicionado!

Después de la mudanza, instalaron un teléfono. Estaba en una mesita, en un hueco que había en la sala. Como todos los teléfonos de la época, el nuestro tenía un cable largo que se enchufaba a la pared. Nos sentíamos muy sofisticados porque teníamos nuestro propio número de teléfono: 6–2939.

Lo más emocionante para mi madre era tener una lavadora de ropa de verdad. Lavar la ropa en nuestra vieja casa de la calle Griggs era una ardua labor. Pasaba mucho trabajo con la antigua lavadora de tanque y manivela.

En la nueva casa, la lavadora estaba en la cocina y la ropa se secaba en unos tendederos que había en el patio. En el jardín del frente había dos árboles pequeños: una frondosa morera y una palmera. Y todas las calles estaban pavimentadas.

Había, sin embargo, algunas cosas que no teníamos. En nuestro viejo vecindario, había vendedores ambulantes que vendían melones en carros tirados por caballos, pero eso nunca lo vimos en Kay Lane. Cuando queríamos un melón fresco, teníamos que ir a la calle Griggs o a la tienda.

También teníamos que regresar a la calle Griggs para poder ver a nuestros amigos. Me parecía que ahora estaban muy lejos, y decidí que no me gustaba nuestro nuevo vecindario, donde no conocíamos a nadie. Tampoco teníamos a Manchas. Yo todavía lo echaba de menos.

El lunes después de la mudanza, en un día gris y frío de mediados de enero, Laura se quedó en casa con la tía Angélica mientras mi madre nos llevó a mi hermano y a mí a inscribirnos en nuestra nueva escuela primaria. Mi mami nos hizo ponernos nuestra mejor ropa, y se tomó el tiempo de planchar todo, hasta los calcetines.

Cuando mis padres estaban recién casados, les costó mucho trabajo encontrar un apartamento debido a que muchos propietarios de El Paso no les alquilaban a los mexicanos, y eso que mi padre había nacido en Estados Unidos. Por eso, mi madre siempre cuidaba mucho su apariencia y la de sus hijos, pues no quería que nadie dijera nada negativo sobre nosotros. En nuestro nuevo barrio había muy pocas familias mexicanas. Aunque no habíamos escuchado a nadie hacer comentarios desagradables acerca de nuestra herencia cultural, mi mami siempre se esmeraba en nuestra apariencia y la de nuestra casa.

El director de la Escuela Primaria Alameda, Mr. McNeily, llevaba un traje formal azul oscuro. Me pareció que era muy alto, mucho más que mi mami, quien se presentó muy cortésmente y le entregó nuestras calificaciones. El inglés de mi mami había mejorado, lo suficiente como para ser capaz de sostener una conversación básica. Aun así, me di cuenta de que se sentía intimidada.

—Vienen de Bradley —le dijo.

El señor McNeily no puso los ojos en blanco, pero por la manera como nos miró a Mario y a mí, no nos quedó duda de lo que pensaba de nuestra amada escuela primaria y sus amorosos y considerados maestros. Deseé no habernos mudado nunca a una nueva casa y estar de nuevo en mi vieja aula de segundo grado en Bradley en lugar de en la oficina de una nueva escuela cuyo director nos hablaba como si fuéramos poca cosa.

Se me llenaron los ojos de lágrimas cuando le escuché decir que la Escuela Primaria Bradley no era muy buena.

¡Estaba furiosa! Quise decirle que Bradley era un lugar maravilloso, mucho mejor que su estúpida escuela, pero guardé la compostura.

Al ver mis lágrimas, mi madre me jaló para abrazarme.

—Todo va a estar bien, mija —dijo antes de salir de la oficina. Mario y yo habíamos quedado abandonados a nuestra suerte.

El señor McNeily llevó a Mario a un aula de cuarto grado, y mi hermano entró y desapareció luego de decirme adiós con la mano, un poco avergonzado. Después, el director me llevó a otra aula.

—Viene de Bradley —le dijo a la maestra. Yo ya sabía que eso no era bueno.

El aula de la señora Miller estaba abarrotada con cuarenta pupitres, todos llenos. Vi algunos niños que parecían mexicanos, como yo, pero la mayoría eran angloamericanos. Mientras yo esperaba de pie, el director salió al pasillo y regresó con un pupitre. Lo puso en el último rincón disponible, en la última hilera, y allí me senté.

No me tomó mucho tiempo enterarme de que la clase estaba organizada según el rendimiento académico: el mejor estudiante se sentaba cerca de la maestra y el peor, en el lado opuesto del aula, en la parte trasera. Tan pronto me senté en la última hilera, el niño que estaba delante de mí se volteó a mirarme.

—Ahora eres la más tonta de la clase —dijo. Una vez más, los ojos se me llenaron de lágrimas. Odié a ese niño, esa clase, esa escuela y ese barrio. Pero tenía que quedarme ahí sentada. No podía hacer otra cosa.

Resultó que el señor McNeily me había puesto en una clase de recuperación, para niños que estaban muy por debajo del nivel de su grado. Simplemente supuso que como venía de Bradley no era una buena estudiante. ¿Era el hecho de que la mayoría de los niños de Bradley eran pobres lo que le hacía pensar de esa manera? ¿O era porque éramos mexicanos? Yo no sabía la respuesta. Solo sabía que estaba muy equivocado, respecto a mi vieja escuela, ¡y respecto a mí!

No había clase de recuperación en cuarto grado. De hecho, solo había una clase de cuarto, así que Mario no estaba tan desacreditado como yo. Ese día, cuando regresó a casa, nos contó que la maestra había salido del aula y los estudiantes habían enloquecido; se pasaban notas y se lanzaban bolitas y aviones de papel. No podíamos creerlo. ¡Algo así jamás habría pasado en Bradley!

Antes de terminar mi primer día de clases, decidí que no iba a permanecer en el rol del peor estudiante de la peor clase de segundo. No sabía cómo iba a lograrlo, pero ya encontraría la manera de ascender.

Mi oportunidad surgió el primer viernes, cuando llegó el *Weekly Reader*. Conocía ese periódico porque también llegaba a mi vieja escuela. La señora Miller nos repartió los ejemplares y pidió a cada uno que leyéramos unas cuantas oraciones en voz alta, comenzando por el mejor estudiante de la clase. El ejercicio fue avanzando hacia la parte trasera del aula, donde la lectura no era tan buena. Los estudiantes tenían dificultades para leer palabras que yo había aprendido a leer en Head Start, antes de entrar a primer grado.

Como estaba en el último pupitre, fui la última en leer. Cuando al fin llegó mi turno, leí bien. Recuerdo que era un artículo largo sobre astronautas en un programa espacial, y yo conocía todas las palabras.

Leí hasta terminar el artículo. Entonces, cerré la revista y miré a la señora Miller.

—Lo hiciste muy bien, Sylvia —dijo—. Ponte de pie.

Inmediatamente, reorganizó a otros estudiantes y me puso en la mitad del aula. ¡Yo ya no era el peor estudiante! Ascendí hasta la mitad de la clase en un día solo porque era buena lectora. Era como si mis primeros días en el último pupitre de la última hilera se hubieran borrado de la memoria de todos.

Era extraño, como si de repente me hubiera convertido en otra persona. No era eso lo que había pasado, por supuesto. Me hacía feliz no ser la peor estudiante de segundo grado, pero de todos modos sentía lástima por aquellos niños a quienes les costaba tanto trabajo pronunciar las palabras. De alguna manera, sabía que no era culpa de ellos. Quizás era porque no habían tenido la oportunidad de tomar clases de Head Start, como la tuve yo.

La foto de mi clase

CAPÍTULO 7

Nadie con quien hablar

Ven acá, Glemboski!

—¡Stewart, eres una tortuga!

—¡Apártate, Thompson!

Yo me mecía en las barras del patio de recreo de la escuela. Mis trenzas golpeaban el suelo cada vez que daba una voltereta. Oía los gritos del campo de béisbol en medio del ruido del patio de recreo. De vez en cuando escuchaba "¡Acevedo!" y sabía que Mario andaba por ahí con otros niños.

Ya llevaba varias semanas en mi nueva escuela y todavía me sorprendía cuando escuchaba nombres como

Radwanski, Burton, Schramm, Wallace y Boudreau en el patio de recreo, de niños cuyas familias habían llegado de todos los rincones de Europa. En mi vieja escuela, a veces hablábamos español en el patio de recreo, y la mayoría de los niños tenían apellidos parecidos a los nuestros: Trujillo, Sánchez, García, González. Ahora, casi nunca escuchaba palabras en español en la escuela, como si la Escuela Primaria Alameda estuviera en un país diferente a aquel donde habíamos vivido antes.

Solo los niños se llamaban a gritos por su apellido mientras se lanzaban la pelota o corrían por el campo de juego. Las niñas hablaban en voz más baja. Rara vez se escuchaban en medio del alboroto. Pero, a diferencia de mi vieja escuela, tanto los niños como las niñas jugaban en los aparatos del patio de recreo. En Bradley, yo a veces saltaba la cuerda o jugaba rayuela con otras niñas, pero ninguna de ellas se subía conmigo en las barras. Siempre me dejaban participar en sus juegos, pero no les interesaba probar nada nuevo.

Ahora, en Alameda, me encantaba no ser la única niña que trepaba en las barras. Veía a las otras niñas, tan ágiles y flexibles, pasando por todas las barras, de un lado a otro, en solo segundos. Algunas hasta se lanzaban desde lo más alto de un columpio; algo que a mí casi nunca me salía bien (parecía que siempre saltaba un poquito tarde). Reconocía a algunas niñas de otras clases de mi grado, pero ellas parecían no notar mi presencia. Yo todavía era la niña nueva y me sentía muy sola.

En aquellos días, los niños podían llevar pantalones de mezclilla u overoles a la escuela, pero las niñas solo podían usar vestido, a menos que la temperatura estuviera por debajo del punto de congelamiento. Cuando eso sucedía, nos permitían llevar pantalones, siempre y cuando lleváramos un vestido encima.

Cuando hacía buen tiempo, me ponía shorts debajo del vestido para poder jugar en los columpios y en las barras sin mostrar la ropa interior. También me gustaba balancearme en una barra horizontal que estaba a pocos pies del suelo. Mis trenzas golpeaban la tierra de la superficie del patio de juegos cada vez que daba una voltereta.

Al llegar a casa, mi madre sacudía la cabeza cuando veía mi pelo lleno de tierra y me decía:

—Tu pelo está sucio… ¡otra vez!

Mi mami sabía que yo nunca iba a dejar de corretear.

No me importaba que se me ensuciara el pelo. Yo le sonreía y ella me llamaba "mi machetona". Yo echaba un vistazo por toda la sala, con sus muebles que me eran familiares, y veía a mi hermanita, que levantaba la cabeza esperando que jugara con ella, y suspiraba, aliviada. Estaba en casa.

Luego, tomaba una tortilla casera, la untaba con mantequilla y la enrollaba como una flauta.

—Solo una —me decía mi mami—. No quiero que pierdas el apetito.

Entonces le daba a Laura una tortilla pequeñita que había hecho especialmente para ella y nos decía a las dos que saliéramos a jugar.

Gracias a los cuidados constantes de mi madre y de la tía Angélica, Laura iba recuperando su chispa y su entusiasmo por la gente. De nuevo podía caminar y correr, pero no hablaba mucho. Se sentía especialmente desconcertada cuando Mario o yo hablábamos en inglés, ya que se sentía más cómoda hablando en español. Le encantaba observar los pájaros y escucharlos cantar. Pero cuando alguien mencionaba la escuela, mi mami se ponía triste. Laura aún no tenía edad para entrar a la escuela, pero podía darme cuenta de que incluso en un par de años seguramente le iba a costar mucho trabajo aprender las cosas que se aprenden en un aula de primer grado.

De todos modos, ella era mi hermanita y jugábamos todos los días. En el patio, nos inventábamos cuentos con sus muñecas, teniendo cuidando de no dañar el pasto nuevo. Mi mami había comenzado una huerta con matas de menta y había sembrado rosales. Cuidaba tanto las rosas, que no había manera de que no florecieran.

A veces, Laura y yo regábamos las plantas del patio con la manguera. Desde comienzos de la primavera hacía calor, así que no me importaba que me salpicara. Al rato, mi mami salía a recoger la ropa del tendedero. El aire era tan seco que en un par de horas la ropa se ponía tiesa como una tabla. Yo me empinaba y tiraba de una sábana o un par de pantalones, y las pinzas salían volando. Todavía no alcanzaba a coger las prendas más pequeñas, como los calcetines, así que mi mami tenía que ayudarme a bajarlas.

—¿Hiciste una nueva amiga hoy? —me preguntaba—. ¿Qué aprendiste en la escuela?

Yo nunca sabía cómo contestarle, así que me ponía a buscar pinzas en el suelo hasta que ella cambiaba de tema y comentaba lo lindas que se veían las montañas Organ en la distancia. Yo sabía que mi mami se pondría triste si le contaba lo mucho que extrañaba mi vieja escuela y no era capaz de decirle que nunca había hablado con otras niñas de mi clase.

Sabía que mamá se sentía desconcertada porque yo no había hecho amigas, pero yo no era capaz de hablar del tema. A pesar de que yo era más machetona que otras niñas de nuestra vieja colonia, las conocía desde siempre y me sentía aceptada por ellas. Ahora me sentía tímida. No conocía a las niñas de la Escuela Primaria Alameda. La mayoría tenían el pelo rubio y lo llevaban suelto, y su piel era clara. No se parecían a nosotros.

A la hora del almuerzo, en la cafetería, solía ver a niñas de mi clase en una mesa conversando muy entretenidas. Al cabo de unas pocas semanas ya me sabía sus nombres: Cindy, Liz, Sarah y otra Sylvia. Pero eso no quería decir que me fuera a sentar o a jugar con ellas durante el recreo. Lo que hacía, en cambio, era buscar un espacio vacío en otra mesa y comer sola rápidamente antes de salir al patio de recreo o de correr a casa a compartir un sándwich con mi mami y Laura.

Con frecuencia, al regresar a casa, encontraba a mi

mami cosiendo; quizás un vestido nuevo para Laura o para mí. Yo sabía que a ella le hubiera gustado que yo mostrara su mismo interés por la ropa y la moda, pero me amaba aunque a mí no me importaran mucho esas cosas. En lo que a mí concernía, el futuro que todos esperaban para las niñas (casarse, arreglar la casa, cocinar, coser, cuidar a los niños) era todavía algo muy remoto. Por ahora, lo que me gustaba era montar bicicleta, correr y salir a jugar.

Donde sí veía niñas parecidas a mí era en la televisión. En aquella época, los programas de Disney, como *The Mickey Mouse Club*, que pasaban después de la escuela, y otros que pasaban los domingos por la noche, tenían princesas que eran machetonas. Un domingo pasaron la película *Parent Trap*, con Hayley Mills, sobre dos hermanas que crecieron separadas pero se conocen en un campamento de verano. Sus audaces aventuras me parecieron fascinantes. Mis programas favoritos eran sobre niñas que vivían aventuras, a las que les permitían hacer las mismas cosas que a los niños. En la vida real, sin embargo, no conocía niñas así.

En nuestra cultura, los hijos se valoraban más que las hijas. Mi padre me amaba, pero esperaba cosas diferentes de Mario y de mí. Mario sacó su propia credencial de la biblioteca sin tener que ahorrar ni un solo centavo, mientras que yo tuve que reunir cinco dólares. Mi papá esperaba que yo sacara buenas calificaciones en la escuela, pero nunca se interesó por mi educación tanto como se interesaba por la de mi hermano. Mi papá nunca me preguntaba qué quería ser cuando fuera grande, como mi mami lo hacía. Sé que esperaba que me casara, tuviera niños y me encargara de las labores domésticas, igual que mi mami. Hasta llegó a decirlo algunas veces.

Esto me enojaba, pero así eran las cosas. Además, como Mario era dos años mayor, aprendió a leer y a hacer muchas otras cosas antes que yo. Sin embargo, yo siempre me esforcé por alcanzarlo, aunque fuera mayor y más grande. Le tenía envidia a mi hermano. Pensaba que crecer y vivir aventuras era más fácil para los niños. No sabía qué hacer al respecto, y me volví supercompetitiva con él.

Por el momento, después de la mudanza, a Mario le fue más fácil hacer amigos. Mientras yo jugaba sola durante el recreo y caminaba a casa sola, él ya había encontrado un grupo de amigos, niños que vivían en nuestro barrio.

Un día, después de la escuela, Mario nos dijo:

—Estos niños creen que yo sé jugar a la pelota como ellos. Y yo, pues no sé jugar.

Pero sus amigos le enseñaron a atrapar y batear la pelota. Lo que más jugaban, sin embargo, era a la guerra, con armas de juguete y fuertes de cartón o con modelos de aviones y tanques que volaban en pedazos con petardos. La mayoría de sus nuevos amigos eran de familias angloamericanas, porque ellos eran los que vivían en nuestro barrio.

Para facilitarnos la adaptación a nuestra nueva vida, mi mami adoptó un cachorro, una mezcla de cocker spaniel y pastor alemán que muy pronto se convirtió en el rey de nuestro vecindario. Ella y Mario le pusieron Fito por broma (una españolización del inglés "Fido"). Me encantaba jugar con Fito, pero él era en realidad el perro de Mario y de mi mami.

Por un buen tiempo continué sintiéndome triste y temerosa por la mudanza. Por las mañanas, me eternizaba comiendo mi cereal del desayuno, y le rogaba a mi mami que me dejara ver *Captain Kangaroo* casi hasta el final. Sabía que podía hacerlo y llegar a clase a tiempo si me iba corriendo muy rápido.

Normalmente, mi madre me molestaba por comportarme de manera caprichosa, pero durante esos días me dejó tranquila. Aunque estaba feliz en nuestra nueva casa, ella también se estaba tratando de adaptar a todos los cambios.

¿Cómo podría explicar lo que me molestaba tanto si ni yo misma lograba entenderlo? Parte del problema era la escuela. En Bradley, los maestros nos decían lo que necesitábamos saber. A mí se me facilitaba aprender datos de memoria, por eso me iba bien. En la nueva escuela, teníamos que encontrar las respuestas por nuestra cuenta. No era igual de fácil. Aunque yo creyera que me estaba yendo bien en la escuela, siempre vivía con el miedo de no darle a la maestra la respuesta correcta y que, entonces, me regresara al último pupitre de la última hilera. Si eso hubiera pasado, no creo que yo hubiera podido soportar la vergüenza.

Después de la escuela, corría a casa y cerraba con seguro la puerta detrás de mí. Yo jamás había hecho algo así en la casa de la calle Griggs. Mi hermano y yo peleábamos, como lo hacen todos los hermanos. De vez en cuando, yo le ponía seguro a la puerta para que no pudiera entrar, casi siempre por accidente; pero a veces lo hacía a propósito. Él se pegaba del timbre hasta que yo le abría.

—Aquí es seguro —me decía—. No tienes por qué ponerle el seguro a la puerta.

Sin embargo, yo seguía cerrando con seguro, y no podía explicarle por qué. Simplemente lo hacía. Me sentía más segura, lejos de mi nueva escuela y de las niñas rubias que se veían amables, pero seguían siendo gente extraña. Pasaban muchas cosas que no podía explicar, pero sentía la necesidad de protegernos. Cerrar la puerta con seguro parecía ser lo más atinado.

Yo en tercer grado

CAPÍTULO 8

Aprender a pasar las tijeras

E l invierno cedió el paso a la primavera, y yo seguía almorzando sola y pasando el recreo sola. Si alguien me hubiera preguntado si me sentía sola, hubiera respondido que no, porque no sabía qué más decir. No me gustaba hablar de mis sentimientos, especialmente en momentos en los que me sentía confundida por todos los cambios que estaban sucediendo en nuestra vida. Excepto cuando la maestra me hacía alguna pregunta, me pasaba el día entero sin hablar. Al final del día escolar, cuando sonaba el timbre, salía a toda prisa del aula, sin fijarme si alguien iba en la misma dirección.

Un día de primavera, después de salir de la escuela, casi

llegando a casa vi a una niña, que también se llamaba Sylvia, a la vuelta de la esquina de mi casa. Sylvia Black era una de las estudiantes más inteligentes de mi clase, de las que se sentaban cerca de la maestra. Ese día llevaba un uniforme marrón que yo ya le había visto antes a otras niñas. Ella se apresuró para alcanzarme y yo, a regañadientes, aminoré el paso.

—No sabía que vivías por aquí. Yo vivo al otro lado de Alameda —dijo casi sin aliento.

—¿Qué haces por estos lados? —le pregunté. Nunca antes la había visto por mi vecindario.

—Voy a la reunión de Brownies. Es el grupo de Girl Scouts para niñas de nuestra edad. ¿Quieres venir?

Yo nunca había oído hablar de Brownies ni de Girl Scouts, pero fuera lo que fueran, no me interesaba.

—No sé —le dije, levemente deseando que Sylvia no decidiera esperarme—. Es probable que mi madre me esté esperando para que le ayude con algo.

—Está bien —dijo Sylvia—. Esperaré a que le preguntes a tu madre si puedes ir. Te va a gustar. Es divertido —añadió.

"¿Cómo sabe que va a ser divertido para mí?", me pregunté, segura de que esa reunión de Brownies era para niñas que ya tenían sus propias amigas. Además, me había dado cuenta de que Sylvia no parecía tener muchas amigas cercanas. No estaba segura en absoluto de querer ser amiga de ella, ni de nadie.

Cuando entré a la casa encontré a mi madre en la cocina. Yo iba pensando qué decirle para que ella dijera que no podía salir.

—No tienes que decir que sí, pero una niña de la escuela va para una reunión de Brownies, o algo así. Me dijo que yo podía ir y está esperándome afuera —dije, atropellando las palabras—. Está bien si dices que no puedo ir —añadí, deseando que mi mami dijera exactamente lo mismo.

Mi madre me sonrió. Mientras se secaba las manos en el delantal, caminó conmigo hasta la puerta y saludó a Sylvia con la mano. Me preguntó en español dónde era la reunión. Yo le traduje la pregunta a Sylvia y ella dijo la dirección en inglés. Mi mami dijo, satisfecha con la respuesta, que nos veríamos después de la reunión. Ahora ya no había alternativa: tenía que ir.

Desde el momento en que llegué a la reunión de Brownies, me di cuenta de que no se parecía a nada que yo hubiera experimentado antes. La reunión era en una casa cerca de la nuestra, pero era más grande y tenía garaje, no simplemente una cochera techada. Adentro había un grupo de niñas muy animadas, vestidas con el uniforme marrón. También había dos mujeres, que eran las líderes de la tropa, según me explicó Sylvia, y me saludaron con calidez, mostrándose complacidas de que hubiera asistido.

Las niñas estaban apiñadas alrededor del mesón de la cocina, tomando jugo de frutas y comiendo galletas. Reconocí a algunas niñas de la escuela. Una o dos me saludaron y yo les sonreí, levemente. Alguien me pasó un vaso y me dijo que me sirviera. Al rato, las líderes nos llamaron para iniciar la reunión. Todas entramos a una sala alfombrada. Noté que habían movido los muebles contra las paredes.

Los nombres de las líderes eran Mrs. Provine y Mrs. Davenport, aunque esta Mrs. Davenport era más alta que mi antigua maestra de Head Start. Me pregunté si las dos señoras Davenport se conocían. Las niñas se sentaron en círculo y la señora Provine dijo:

—Ella es Sylvia Acevedo. Vamos a presentarnos una por una.

Cada una de las niñas dijo su nombre.

Después, todas levantaron la mano derecha, con dos dedos estirados, y dijeron en coro: "Prometo dar lo mejor de mí para amar a Dios y a mi patria, y para ayudar a las personas en todo momento, especialmente a las que tengo en casa". Las líderes de la tropa también dijeron lo que, según me di cuenta, era una especie de juramento. Excepto yo, todas sabían las palabras y lo que seguía a continuación. Estaban muy organizadas y ordenadas. Algunas tenían un libro llamado *Manual de las Girl Scouts* que llevaba un escudo impreso sobre una portada de color verde azulada. Después me enteré de que había otro manual para las Brownies, pero ninguna en esa tropa lo tenía.

Las Brownies estaban preparando una actividad al aire libre en el parque. Todas estaban seguras de que yo iría con ellas. Esa tarde cortamos tela y periódicos en tiras para tejer algo que llamaban *sit-upon*, una especie de cojín para sentarnos. Me encantó la idea. No teníamos que sentarnos directamente en el suelo porque cada una tenía su propio cojín. Sabía que a mi madre también le iban a gustar, ya que siempre me estaba diciendo que tratara de mantener mi ropa limpia.

Estaba clasificando tiras de tela y de papel, escuchando

la conversación a mi alrededor, cuando la niña que estaba a mi lado pidió que le pasaran unas tijeras. Con la intención de ser colaboradora, se las pasé con entusiasmo, con las puntas hacia el frente.

De repente, la señora Provine se paró a mi lado y les pidió a las Brownies que pusieran atención. Yo la miré, perpleja. Ella les pidió a dos niñas que se pusieran de pie y le dio a una de ellas un par de tijeras. Luego le pidió que le pasara las tijeras a la otra niña. La niña que tenía las tijeras puso la mano, con cuidado, alrededor de las hojas cerradas de las tijeras. Después se las entregó a la otra Brownie con las agarraderas hacia el frente. Luego se volteó hacia mí y dijo en tono serio:

—Esta es la manera segura de pasar las tijeras.

—Además, nunca debes correr con las tijeras —añadió la otra niña.

La señora Provine se volteó hacia mí:

—Como ves, Sylvia, esta es la manera segura como las Brownies se pasan las tijeras.

Me quedó muy claro. Al comienzo, me sentí avergonzada. Me habían puesto en evidencia y me habían dicho que estaba pasando las tijeras de manera equivocada. Sin embargo, cuando vi que las otras niñas regresaban a su trabajo, concentradas en sus cojines, me di cuenta de que ninguna me estaba mirando. Nadie se estaba burlando de mí y nadie me estaba molestando por haber cometido un error.

Mientras seguía clasificando las tiras de tela para mi cojín, recuerdo que me puse a pensar que no sabía que hubiera normas para pasar las tijeras. Nadie me había enseñado nada al respecto. Ahora que conocía las normas, podía pasar las tijeras de manera segura.

De repente, sentí como si se iluminara aquella sala llena de niñas y como si se me levantara un peso de encima. Me llené de esperanza.

Si a estas niñas y a sus líderes les importaban cosas tan simples como la manera segura de pasar las tijeras, ¿cuánto más les importarían otras cosas? "Las Brownies y las Girl Scouts hacen sus propios planes", pensé. "Hacen cojines para no mojarse o ensuciarse al sentarse en el parque, y se pasan las tijeras de la manera *correcta*. Tienen cuidado de hacer las cosas de manera correcta y segura. Y se interesaron en enseñarme cómo hacerlo y eso significa que *yo* les importo".

Sin razón aparente, recordé el día en que se enfermó Laura y mi mami tuvo que rogar que la llevaran al hospital.

Recordé cómo todo se había salido de control y lo mal que me sentía por no poder hacer nada para evitarlo. De repente, por primera vez desde que se enfermó Laura, sentí que tenía el control y eso me hizo sentir también un gran alivio.

Mientras entrelazaba las tiras de tela que había elegido, me di cuenta de que quería ser una Brownie. Me encantó cada instante de la reunión: la planificación de la actividad al aire libre, los prácticos cojines, la actitud amigable de todas y, por encima de todo, el sentido de seguridad y de pertenencia a un mundo más amplio. Ni siquiera me importó que me dijeran cómo pasar las tijeras porque me di cuenta de que las Brownies podían enseñarme cómo hacer las cosas bien.

Al finalizar la reunión, Sylvia me preguntó si quería que me acompañara a mi casa.

—Puedes irte —le dije—. Quiero quedarme un momento más.

Silvia se fue, con actitud perpleja.

Espere hasta que la mayoría de las niñas se fueran.

—¿Quieres algo, Sylvia? —me preguntó la señora Provine cuando me vio de pie, sola.

—Ese manual —le dije—. ¿Me lo puede prestar? Prometo cuidarlo y devolvérselo.

—Te puedes llevar el manual de mi hija mayor —me dijo—. Ella ya no lo usa. Espérame mientras voy a buscarlo.

Regresó en menos de un minuto.

—Puedes quedarte con él —me dijo mientras me lo entregaba—. No es necesario que me lo devuelvas.

Para cerrar la reunión, habíamos cantado una canción acerca de una gran sonrisa de Brownie, y ahora, mientras abrazaba el *Manual de las Girl Scouts* fuertemente contra mi pecho, pude sentir esa sonrisa calentando mis mejillas mientras caminaba hacia mi casa. Pensé en la expedición que haríamos, en la cual exploraríamos la naturaleza. ¡Quizás esta era una manera de conocer niñas como las que veía en los programas de Disney, niñas como yo, que buscaban aventuras!

Ese fin de semana, leí todo el manual, alisé las páginas que tenían la esquina doblada y borré todas las marcas que habían hecho en lápiz. Me cautivó la manera como había comenzado la reunión, cuando todas las niñas recitaron juntas aquel juramento; pero en el momento no había captado todas las palabras. Ahora las pude leer con detenimiento.

La Promesa de Girl Scouts era un poco diferente a la Promesa de Brownies que habíamos recitado en la reunión. Me propuse aprender las palabras de la Promesa de Brownies en la siguiente reunión. Mientras tanto, decidí memorizar la promesa que recitaban las Girl Scouts mayores:

"Por mi honor yo trataré de servir a Dios y a mi patria, ayudar a las personas en todo momento y vivir conforme a la Ley de Girl Scouts".

"Yo puedo prometer eso", pensé.

La Ley de Girl Scouts era más larga. Comenzaba así: "El honor de una Girl Scout está en ser digna de confianza". Esta era la primera de diez leyes. "Una Girl Scout es leal", decía la segunda. Leí que las Girl Scouts tenían el deber de ser serviciales y de ayudar a otros, de ser amiga de todos y de ser hermana de cada una de las Girl Scouts. Las Girl Scouts eran corteses, amigas de los animales. Obedecían las órdenes y eran alegres, frugales y limpias de pensamiento, palabra y obra.

"Yo puedo tratar de ser todo eso", me dije. Frente al espejo de mi cuarto me puse de pie a practicar mi saludo con los dos dedos de la mano en alto y a recitar la promesa y la ley una y otra vez hasta que me las aprendí de memoria.

En el manual también aprendí que las Brownies eran la división de Girl Scouts para niñas de mi edad, de segundo y tercer grado. Al terminar tercer grado, haríamos una ceremonia de graduación para convertirnos en Juniors, la división para niñas de cuarto, quinto y sexto. Hasta las niñas más grandes, de secundaria y preparatoria podían hacerse miembros, como Cadettes y Seniors. Me gustó enterarme que podría ser Girl Scout por años y que tendría mi lugar sin importar mi edad.

Las Brownies se reunían una vez por semana, los miércoles, después de la escuela. Yo caminaba a las reuniones con Sylvia y las otras Brownies. El día que cumplí cuatro semanas de estar asistiendo, la señora Provine dijo que tenía algo para mí. Cuando estábamos sentadas en círculo, se acercó a mí y me puso en la blusa una insignia que tenía forma de trébol. Me di cuenta de que otras niñas la llevaban en su uniforme. Me dijo que las tres hojas representaban las tres partes de las Promesas de Brownies y de Girl Scouts y que yo ya era oficialmente una Brownie de Girl Scouts, como las otras niñas de la tropa. Me sentí muy orgullosa.

La señora Provine también me dijo que mi cuota de

Brownie era de un dólar y que podía traer el dinero cuando quisiera. ¡Un dólar por todo un año! Mi líder de tropa dijo que mi dinero ayudaría a Girl Scouts de todo el país.

Por aquel entonces, yo recibía de mis padres una mesada de veinticinco centavos a la semana. En aquel tiempo, con veinticinco centavos se podían comprar dos Coca-Colas y una barra de caramelo. Un galón de gasolina para el carro de mis padres costaba veintinueve centavos. Cada vez que completaba un dólar de ahorros, lo ponía en la cuenta que tenía en el banco, en el centro. Tenía algunas monedas en mi cuarto. Tan pronto completé un dólar, lo llevé a la reunión.

Durante las siguientes semanas, aprendí más cosas acerca de las Brownies, de mis líderes de tropa y de las otras niñas. Las Brownies éramos descubridoras y estábamos siempre listas para servir.

Lo mejor de todo es que hacíamos amigos. Yo todavía me sentía tímida a veces, y todavía era muy callada en la escuela, incluso cuando otra Brownie me saludaba. Pero tenía la esperanza de que algunas de esas niñas se hicieran mis amigas.

Lo único que me faltaba para ser una Brownie completa era el uniforme. Afortunadamente, mi madre se daba cuenta de que las reuniones me hacían bien. Le gustaba oírme hablar de las otras niñas y de nuestros planes, y veía mi emoción.

Mi mami cosía gran parte de nuestra ropa para ahorrar dinero. Sin embargo, decidió comprarme el uniforme. Un sábado, fui con toda mi familia en el carro a La Popular, la gran tienda por departamentos de El Paso. Allí me probé el vestido marrón, la gorra, el cinturón y la corbata anaranjada. Me sentí muy especial cuando me miré al espejo. Recordé algo que nos había dicho la señora Davenport: que cada vez que viéramos a una niña con el uniforme de Brownie sabríamos que ella había hecho las mismas promesas que nosotras habíamos hecho.

Para mi sorpresa, mi madre hasta me compró unas calcetas con el emblema de las Brownies. A veces parecía que mi mami podía leerme la mente. No me hubiera atrevido a pedirle las calcetas, pero ella sabía que tenerlas me haría feliz.

No dejé que mis padres metieran la bolsa con mi uniforme en la cajuela del carro. La llevé sobre mis piernas durante el viaje de regreso a casa.

Tan pronto como llegamos a casa, corrí a mi cuarto a cambiarme. Mi mami me siguió con su costurero en la mano. Me tomó las medidas para hacer el dobladillo a la altura perfecta. Me ayudó a ponerme el cinturón y a fijar la insignia del trébol en el uniforme. Sin embargo, cuando le pasé la corbata, me dijo que para eso iba a tener que pedirle ayuda a mi padre.

—Él te puede enseñar a hacer el nudo —me dijo.

Luciendo mi uniforme, fui a darle lata a mi papá.

—Papá, Papá, Papá —le dije, subiendo el volumen de mi voz un poco cada vez, hasta que mi padre se levantó del sofá, donde estaba mirando televisión, y me llevó al baño, que era todo verde. Bajó la tapa del inodoro y me dijo que me parara sobre ella. Luego, abrió la puerta del gabinete y se paró detrás de mí para que yo pudiera ver el reflejo de ambos en el espejo. Paso a paso, mientras mirábamos nuestros movimientos en el espejo, me enseñó a ponerme la corbata anaranjada de las Brownies.

Pensé que terminaríamos cuando pudiera hacer el nudo de manera que mi padre quedara satisfecho. Estaba equivocada. Mi padre había sido oficial del ejército de Estados

Unidos, así que se tomó con mucha seriedad mi uniforme. Me dijo que yo tenía que ser digna de llevarlo, que debía mantenerlo impecable. ¿Estaba lista para hacerle honor a este uniforme?

Como respuesta, levanté mi mano haciendo el saludo de las Girl Scouts.

—Por mi honor —le dije a mi padre. Y lo dije en serio.

La noche anterior a mi siguiente reunión de Brownies, puse todo mi uniforme sobre mi cama para verificar que estuviera completo. Ese fin de semana había lavado a mano mis tenis blancos y las agujetas para que se vieran tan bien como mi uniforme nuevo. Mi madre no salía de su asombro: nunca antes me había visto tan preocupada por mi ropa.

A la mañana siguiente, luego de cepillar y trenzar mi cabello, mi mami me sorprendió con una diadema que hacía juego con mi uniforme de Brownie. Estábamos sentadas frente al tocador del cuarto de mis padres, mirando nuestro reflejo en el espejo, y yo estaba temblando de la emoción. Sonreí radiante y mi madre me devolvió la sonrisa. Su cara en el espejo reflejaba una felicidad que le había visto muy pocas veces desde que enfermara Laura.

Durante el desayuno, ignoré a mi hermano, que me molestó por el nuevo uniforme. Yo ya sabía que él solo buscaba hacerme reaccionar. Caminé a la escuela muy orgullosa y tuve cuidado de no ensuciarme durante el recreo. Ese día, mis trenzas no iban a llenarse de tierra, pensé mientras me tocaba la diadema.

A la hora del almuerzo, en la cafetería, otras Brownies se dieron cuenta de que llevaba el uniforme y me saludaron con la mano. Orgullosa, me senté a comer con ellas. Ahí estaban Liz, Cindy y otra niña de mi clase. También había unas niñas de otra clase que eran miembros de mi tropa. Vi a Sylvia Black sentada en otra mesa con otras niñas que llevaban uniforme de Brownies. Me gustaba que mi uniforme me relacionara con todas las demás Brownies y con otras Girl Scouts más grandes que también llevaban su uniforme. Llevar el uniforme parecía una manera de hacer amigas; y en realidad lo era.

Tan pronto como llegué a mi reunión de esa tarde, mis líderes de tropa notaron mi atuendo.

—Te ves muy bien con tu nuevo uniforme —dijo la señora Provine.

Me sentí radiante de orgullo cuando ocupé mi lugar en el círculo de niñas y me alisté para recitar la Promesa de Girl Scouts. Ahora, yo era una Brownie de verdad, en todo sentido.

¡Mi unicornio y yo!

CAPÍTULO 9

Tradiciones navideñas

Contrario a la mayoría de las niñas que conocía, yo solo tenía una muñeca. Era un bebé llamado Óscar que mi abuela me había regalado en una Navidad. Óscar solía tener la cabeza cubierta de un espeso cabello oscuro, hasta un día en que Mario decidió probar con él sus destrezas de peluquero. A partir de entonces, Óscar fue calvo; pero a mí no me importaba.

Yo no jugaba mucho con Óscar, ni siquiera de pequeña. Pero cuando llegaba la Navidad, lo necesitaba. Óscar tenía que hacer el papel del Niño Jesús, mientras que yo hacía el de María.

Todo comenzó cuando yo cursaba tercer grado, en el

otoño después de mudarnos a nuestra nueva casa y de que yo ingresara a las Brownies. Un día, la maestra nos dijo que íbamos a hacer una audición para repartir los papeles de la función de Navidad.

—Quiero que cada uno cante una canción —dijo—. Luego veremos quién hará cada papel en el coro.

Me gustaba cantar. En casa, a mi mami le encantaba cantar y tenía una hermosa voz. A mi papá también le gustaba, pero rara vez lo hacía. Pensé que mi voz quizás sería tan bonita como la de todos en mi familia.

Ese día en la escuela, la maestra nos hizo formar en fila a un costado del aula, y nos hizo cantar a cada uno una estrofa de cualquier canción que nos gustara. Cuando llegó mi turno, comencé a cantar y la maestra me pidió que lo hiciera otra vez, pero en un tono más bajo. Entonces, volví a empezar, un poco más bajo y más fuerte.

Cuando terminé, la maestra se quedó mirándome.

—Vamos a darte un papel especial —dijo.

Yo no entendí lo que había querido decir hasta que organizó a los estudiantes en hileras; los niños atrás y las niñas al frente. Nos explicó que ellos formarían el coro. Cuando terminó, solo quedamos a un lado cuatro niños y yo. Nos dijo que nosotros seríamos los personajes del pesebre. Solo teníamos que hacer de cuenta que teníamos al Niño Jesús en el pesebre. Yo llevaría a mi muñeco en brazos y haría de María, y uno de los niños haría el papel de José. Los otros niños serían los Reyes Magos. Mientras no cantáramos, ella se sentiría satisfecha con nuestra actuación.

Mi madre sabía que mi voz no era como la suya y le pareció que la solución que se le había ocurrido a la maestra era brillante. A mi mami le encantaba que me hubiera tocado hacer de María, y hasta me hizo un disfraz. El día de la función, me senté en el escenario, vistiendo mi manto y cargando a Óscar, mientras el coro cantaba. Yo disfrutaba los villancicos y de vez en cuando miraba a Óscar, mientras pensaba en los deliciosos platillos que comeríamos en Navidad.

Al año siguiente no hubo función de Navidad en la escuela, así que no me sacaron del grupo. Se hizo una reunión especial en la que toda la escuela cantó villancicos, así que yo me senté con los niños de mi clase. Pero mi mami quería que yo volviera a hacer el papel de María. Ese año, y durante muchos años después, hice de María en la cantata de Navidad de nuestra iglesia.

La cantata de Navidad (la dramatización musicalizada de la historia de la Navidad) era el evento más importante de mi mami en todo el año, así que ella pasaba mucho tiempo en la iglesia durante el otoño ayudando con los complejos preparativos para la función y para la recepción que se hacía después.

Con frecuencia mi mami también actuaba como solista en las cantatas. Se ponía muy nerviosa antes de sus presentaciones, pero le encantaba hacerlo. Yo tenía que ayudar más de lo acostumbrado con las tareas domésticas mientras ella estaba en la iglesia, especialmente a recoger y lavar los platos de la cena, después de terminar mis tareas.

No me importaba tener que hacerlo. Mi madre solo cantaba cuando estaba feliz. Cuando estaba ocupada con la cantata y ensayando sus canciones, yo sentía que todo en el mundo iba de maravilla.

En la mañana, el día de la cantata, mi mami parecía un torbellino mientras nos apuraba a todos a alistarnos para ir a la iglesia. Tan pronto terminaba la función, invadíamos el salón social, donde había comida deliciosa. Los niños bullían con emoción mientras disfrutaban el banquete y la energía de la Navidad, que estaba ya muy cerca.

Después de la cantata, mi madre concentraba toda su energía y esfuerzo en nuestra celebración familiar. Lo primero era un viaje para hacer compras en El Paso.

Los viajes a El Paso eran divertidos porque teníamos la oportunidad de vivir el ambiente de una gran ciudad, tanto en El Paso, Texas, como en Juárez, México, que estaba justo al otro lado de la frontera. Rara vez íbamos de compras en familia, y mi experiencia en las tiendas se reducía a los pequeños mercados de Las Cruces, donde mi mami cuidaba cada centavo. Cuando se acercaba la Navidad, en cambio, nos pasábamos el día entero comprando cosas.

En las tiendas de El Paso había bienes que no se veían en Las Cruces: electrodomésticos relucientes, muebles y un amplio surtido de prendas de vestir. A mi mami le encantaba recorrer las calles, mirando la ropa y los zapatos de moda en las vitrinas.

En Las Cruces teníamos una tienda Woolworth's, pero la que había en el centro de El Paso era enorme, comparada con aquella. Allí vendían todo tipo de juguetes y era allí también donde mi mami compraba las telas y los patrones para hacernos la ropa. Otra tienda que había en El Paso era S. H. Kress, en cuya vitrina se veían pollos rostizados dando vueltas. Se veían deliciosos, pero cada uno costaba cincuenta y nueve centavos, lo cual, según mi mami, era escandalosamente caro.

Nuestro gran viaje de compras solía comenzar en La Popular, una tienda por departamentos tan grande que tenía ascensores. Tenía varias plantas y una librería que ocupaba todo el mezanine. Era tan grande como toda la sección de libros para niños de nuestra biblioteca de Las Cruces.

Dentro de la tienda, mi mami buscaba la manera de distraernos para poder comprar nuestros regalos.

—Sylvia, lleva a Laura a mirar las muñecas —decía. Y jamás sospechábamos que ella se iría para el piso de los libros.

O nos enviaba a la sección de libros mientras nos compraba los juguetes. Éramos tan ingenuos que ella podía sin mucho esfuerzo comprar todos los regalos y ponerlos en la cajuela del carro sin que nosotros nos diéramos cuenta. Regresábamos a Las Cruces de noche, felices y cansados, sin imaginar que nuestros regalos de Navidad habían viajado con nosotros.

Pero la Navidad no trataba solamente de los regalos y la cantata. También estaban los platillos especiales. Cuando terminaba de hacer todas las compras, mi madre podía pasar horas haciendo la comida mexicana tradicional de la temporada navideña: tamales, empanadas de calabaza, bizcochos y buñuelos. A mi mami también le encantaba preparar nuevos platillos, especialmente durante los días feriados.

Un año, en Navidad, aprendió a hacer elegantes galletas al estilo francés, con una capa delgada de chocolate a un lado. Mi padre le dijo que se le había olvidado cubrir todas las galletas. Indignada, mi madre le repostó que precisamente así eran las galletas. Me sentía orgullosa de tener una mamá que había aprendido a hacer galletas de un lugar tan alejado como Francia. Años después, en un viaje a Francia, busqué las galletas. Me encantó verlas en las panaderías.

La semana anterior a la Navidad, mi mami llenaba varias latas de galletas y golosinas navideñas, incluidas mis favoritas: rollos de canela con nueces y pacanas. Cada vez que abríamos una lata, devorábamos todo su contenido, sin dejar nada para después. Por eso, mi madre escondía algunas latas en diferentes lugares de la cocina y la despensa. En la mañana de Navidad, después de que hubiéramos abierto todos nuestros regalos, mi mami nos sorprendía con rollos de canela.

La víspera de la Navidad, mi madre me levantaba temprano para que la ayudara a hacer los tamales. Las hermanas de mi madre y algunas amigas venían a ayudar también con la "tamalada". Juntas, hacíamos más de doce docenas de tamales, de los cuales al menos diez docenas llevaban cerdo en salsa de chile rojo. Era mucho trabajo.

El día anterior, el 23 de diciembre, mi mami preparaba el cerdo, que se cocinaba a fuego lento por varias horas en una salsa hecha con chiles rojos frescos. Esa noche cenábamos cerdo con tortillas recién hechas.

Muy temprano en la víspera de la Navidad, mi mami iba a la tienda a comprar la masa de maíz para los tamales. Al llegar a casa, la vaciaba en un balde grande y azul, donde la mezclaba con los demás ingredientes de la masa: sal, manteca de cerdo y caldo.

A mí me correspondía limpiar las hojas de maíz secas en las que se envolvían los tamales para cocinarlos. Tenía que dejar las hojas completamente libres de cabellos antes de ponerlas a remojar en agua para ablandarlas. Cuando

terminaba, mi madre revisaba mi trabajo y hacía montoncitos con las hojas rechazadas, las que yo no había limpiado
bien. Muy pronto me puse como meta que la cantidad de
hojas rechazadas fuera cero.

Cuando las hojas de maíz estaban empapadas y flexibles, las ponía en una palangana enorme. Mi madre o mi
tía esparcía un poco de masa dentro de cada hoja y ponía
cucharadas del relleno con la carne en el centro de la masa
aplastada. Luego enrollaba y doblaba la hoja hasta formar un
bulto rectangular.

Al final, mi madre reservaba un poco de masa para
hacer un par de docenas de tamales dulces. A estos les
ponían azúcar y pacanas en lugar de la carne. Todos los tamales se cocinaban durante una o dos horas en unas ollas
enormes, llenando la casa de su sabroso aroma.

Una vez que terminábamos de armar los tamales, mi
mami se dedicaba a hacer buñuelos, uno de los postres favoritos de Mario. Preparaba una masa dulce y con ella hacía
círculos. Para que la masa le quedara bien fina, recuerdo que
usaba, cuando yo estaba en la secundaria, mi pelota de baloncesto. Yo la lavaba y mi madre la envolvía en una toalla
de cocina delgada. Mi mami estiraba la masa con la pelota

hasta que quedaba prácticamente translúcida. Luego, desprendía los buñuelos con suavidad para no rasgarlos y los ponía sobre el mesón, donde los cubría con papel y los dejaba secar al aire antes de freírlos en aceite caliente. Después de sacarlos del aceite, los espolvoreaba con canela y azúcar.

Cuando mi mami terminaba los buñuelos, los tamales ya estaban listos. Me maravillaba ver lo eficiente que era mi madre. Todo funcionaba como un reloj, a pesar de que nunca la vi escribir planes ni instrucciones en un papel. Mi mami separaba los tamales por docenas y los compartía con quienes habían ayudado a hacerlos. Todos los años, les llevaba tamales y otras delicias hechas en casa a la hermana Díaz y a la hermana Cortez, otra amiga de la iglesia. A mí me tocaba llevarles los mismos regalos a otros amigos, y a vecinos y parientes. Me encantaba ver la calidez con la que me recibían, diciéndome una y otra vez cuánto querían a mi madre.

Mientras todo esto sucedía, Papa leía o veía televisión. Se aislaba, aunque no de una manera antipática. Simplemente no participaba en las labores de la cocina.

En la víspera de la Navidad, después de haber cocinado todo el día, recibíamos a familiares y amigos que venían a cenar. Algunas de las amigas que habían ayudado con los tamales se quedaban y luego venían sus familias. También venían los Barba: la tía Alma, Uncle Sam y mis primos Debbie, Cathy, Sammy, Jacob y Ana. El ambiente era maravilloso. Después de comer, corríamos por la casa y jugábamos con nuestros primos y amigos mientras los adultos se sentaban a platicar.

En nuestras cenas familiares no había alcohol. En su lugar, mi madre servía cidra caliente y chocolate mexicano en la cena de la víspera de la Navidad. Esto se debía, en parte, a que éramos bautistas; y en parte, porque mi madre le tenía prohibido a mi padre llevar alcohol a la casa. En el pasado, mi papá había tenido dificultades para controlar la bebida. Él y Uncle Sam se tomaban una cerveza de vez en cuando. Eso era todo lo que mi madre les permitía beber.

Unas semanas antes de la Navidad, mi mami ponía los adornos navideños. A mi padre y a Mario los mandaba a poner las luces de colores a lo largo del techo de la casa. En la víspera de la Navidad, poníamos arena y velas en docenas de bolsas de papel para hacer luminarias. Cuando comenzaba a ponerse el sol, colocábamos filas de luminarias a lo largo de la acera, frente a la casa. La mayoría de nuestros vecinos, sin embargo, solo ponían luces de colores.

Después de la cena, nuestros invitados se marchaban y nosotros nos amontonábamos en el carro. Recorríamos Las Cruces para ver la iluminación de Navidad en otros barrios, especialmente en La Mesilla, un pueblo de casas de adobe que quedaba a las afueras de la ciudad. Nuestro vecindario era bonito y nuestra calle nos parecía hermosa, pero no todo el mundo decoraba su casa. Sin embargo, en La Mesilla, todos ponían luces y cercaban sus jardines delanteros y aceras con luminarias durante toda la temporada, especialmente en la víspera de la Navidad.

En los vecindarios donde había muchas luminarias, mi padre apagaba las luces del carro y manejaba despacio en la oscuridad para que pudiéramos apreciar las filas de luces que titilaban. En el asiento trasero, competíamos por la ventana, invadidos por el sentimiento de que nuestra familia estaba unida y feliz. En la radio sonaban villancicos, y todos cantábamos juntos. Era el único momento en que recuerdo que cantáramos en familia. Yo podía cantar tan fuerte como quisiera en nuestro carro; a todos les parecía que tenía buena voz. Cuando regresábamos a casa, estábamos todos cansados y los niños teníamos que irnos a dormir de inmediato.

Al levantarnos en la mañana de Navidad encontrábamos nuestras botas llenas de caramelos, nueces y una naranja. Si nos quejábamos porque solo tenían cosas para comer, mi mami nos recordaba que ella había crecido en la pobreza absoluta, sin regalos y sin botas de Navidad. Ella y sus hermanos pasaron hambre, así que una bota llena de cosas para comer era un verdadero regalo. Para mi madre, las botas eran un símbolo de su capacidad para mantener a sus hijos. Yo sabía que las llenaba con amor.

Durante los días cercanos a la Navidad, los regalos se iban acumulando en la sala. Todos recibíamos algunos regalos, pero mi mami era quien recibía más. Muchas veces, cuando yo iba a entregar los platillos de Navidad, varios parientes y amigos me daban regalos para mi madre. Esos regalos nos recordaban que mi mami tenía una vida fuera de nuestro círculo familiar y que mucha gente la quería y admiraba porque siempre se preocupaba por los demás. Como niños que éramos, anhelábamos recibir regalos, pero yo también me sentía orgullosa de que mi madre recibiera tantos.

Mis padres tenían reglas muy estrictas respecto a no husmear ni abrir los regalos antes de Navidad. Decían que la espera era parte de la magia de la Navidad. Podíamos tocar los regalos y hasta reacomodarlos debajo del árbol, pero no nos permitían sacudirlos. De todos modos, nos gustaba contarlos y organizarlos antes de Navidad de manera que esa mañana pudiéramos identificar los nuestros rápidamente. Nos sentábamos junto al árbol y tratábamos de adivinar lo que había dentro de cada caja. Cuando un paquete no se parecía a nada de lo que habíamos pedido, suponíamos que era ropa y, por lo general, acertábamos.

Yo solía ser la primera en abrir los ojos en la mañana de Navidad. Despertaba a Laura, golpeaba la puerta del cuarto de mi hermano y luego iba al cuarto de mis padres a sacudir el hombro de mi madre. Solo hasta que todos estuviéramos alrededor del árbol podíamos abrir nuestros regalos.

Nuestros padres eran muy buenos a la hora de elegir nuestros regalos, de manera que siempre recibíamos cosas prácticas y *también* cosas divertidas. Mario era fanático de los aeromodelos. Un aeromodelo de la Segunda Guerra Mundial era siempre primero en su lista de regalos. Mario suponía que los demás queríamos lo mismo, así que les regalaba aeromodelos a nuestros primos Sammy y Jacob, y luego iba a su casa y los armaba. A Mario también le daban ropa, lo mismo que a Laura y a mí. Pero las prendas que nos regalaban eran especiales, como una chamarra más fina de lo que esperábamos, no la ropa normal que usábamos para ir a la escuela.

Hasta nuestro perro, Fito, recibía un regalo envuelto, que normalmente era un juguete para mascar. Al fin y al cabo, ¡él también era parte de la familia!

Al final del día, me sentía agotada, después de todos los preparativos del día anterior y la emoción del día de Navidad mismo. Me iba a la cama disfrutando la cálida paz de la casa, colmada de amor hacia todos mis parientes: mis padres, Mario y Laura, nuestro perro, mis tías, tíos, abuelos y primos.

A mi mami le gustaba mantener la casa ordenada. Éramos tres (después cuatro) hijos, así que siempre se aseguraba de que limpiáramos nuestro propio desorden y de que cada uno hiciera su cama. Hasta Laura tenía quehaceres asignados. El 26 de diciembre siempre me despertaba el sonido de la aspiradora recogiendo las hojas del árbol de Navidad. Antes de hacer el desayuno, mi madre desmontaba el árbol y guardaba todos los adornos. No le gustaba ver los botes de basura repletos, así que más tarde mi padre y Mario llevaban el árbol, todavía adornado con guirnaldas, y el resto de la basura al basurero. Cuando regresaban, nos sentábamos a almorzar comida que había quedado del día anterior. Las luces de afuera se quedaban por una semana más, pero adentro, ya estábamos en otra cosa. Ahora todo se enfilaba hacia el año nuevo.

Navidad en nuestra casa en Key Lane, 1968

CAPÍTULO 10

Aprender a ahorrar y a crear presupuestos con galletas

H acia la primavera de tercer grado, mi uniforme de Brownie me quedaba pequeño. La falda me quedaba corta y la blusa, muy apretada. Las calcetas habían dejado de servirme hacía tiempo, pero todavía, de vez en cuando, me gustaba ponerme la diadema.

Ya tenía amigas de verdad en la escuela: Liz, Cindy y otras Brownies de mi tropa que también estaban en mi clase. Me sentaba con ellas a la hora del almuerzo y jugaba con ellas en el recreo. A veces nos hacíamos el saludo de las Brownies con la mano en alto cuando nos encontrábamos. En nuestros uniformes, que a todas nos quedaban pequeños, cada una lucía dos estrellas: una por cada año que llevábamos en las Brownies.

En esos dos años habíamos hecho muchas cosas. Habíamos hecho panderos con platos de papel y muñecas con hojas de maíz. Habíamos participado en juegos como Sa Po Po, en el cual teníamos que movernos a un ritmo cada vez más rápido hasta que nos caíamos muertas de la risa. Habíamos aprendido el significado del nombre "Brownie" con un cuento tradicional acerca de dos niñas en la lejana Inglaterra que aprendieron a ayudar con los quehaceres domésticos. Hicimos caminatas cantando la canción de las Brownies para excursiones, que decía así: "Somos Brownies felices. Somos elfas trabajadoras. Nos gusta ayudarnos mutuamente y, por supuesto, ayudarnos a nosotras mismas". ¡Me encantaba ser una elfa Brownie trabajadora!

Mi mami también había hecho nuevas amistades gracias a las Brownies. Veía con frecuencia a mis líderes de tropa y a veces las ayudaba con proyectos.

Aunque mi uniforme de Brownie me quedaba pequeño, no era necesario que mi mami me comprara uno nuevo. Al final del año escolar, otras Brownies grandes y yo asistiríamos a una ceremonia. Nuestras líderes de tropa nos explicaron que "volaríamos" a la división de Juniors de Girl Scouts y que en ese otoño comenzaríamos a usar el uniforme verde de las Juniors, que tenía una banda y una boina en lugar del gorro de las Brownies. Todas recibiríamos unas alas de tela que debíamos coser a la banda. Las alas significaban que habíamos pertenecido a una tropa de Brownies y que habíamos levantado vuelo. Ahora que éramos Juniors, teníamos que trabajar para ganar insignias, algo que no habíamos tenido que hacer de Brownies.

Las Juniors de Girl Scouts hicieron su primera reunión del año en la cafetería de la escuela el primer miércoles de cuarto grado. Yo conocía a algunas de las nuevas Juniors, porque eran de mi tropa de Brownies, pero no a todas. Había también niñas mayores, de quinto y sexto. Se veían grandes y muy seguras, con sus bandas llenas de insignias. La señora Davenport había "volado" con nuestra tropa, y teníamos una líder nueva: Mrs. Beeman. Nos sentamos en círculo y, por primera vez, recité la promesa de las Girl Scouts sosteniendo en alto tres dedos en lugar de dos, como lo hacíamos al recitar la promesa de las Brownies.

Cuando terminamos de presentarnos, una por una, la señora Beeman dijo que tenía una pregunta.

—¿Qué les gustaría hacer este año? —dijo.

Varias niñas respondieron con entusiasmo.

—Me gustaría hacer un viaje en bicicleta —dijo una.

Otra dijo que quería observar pájaros. Otra, que quería aprender a cocinar. Cuando una niña dijo que quería ir de campamento, varias se mostraron de acuerdo.

Parecía que a todas nos gustaba la idea de hacer un campamento. Votamos y decidimos que esa sería una de nuestras actividades. Yo hubiera votado por cualquier cosa. Me sorprendía que nuestras líderes de tropa nos dejaran a nosotras mismas decidir lo que haríamos.

Como se trataba del primer viaje en el que pasaríamos la noche fuera de casa, decidimos ir a un campamento que quedaba en el parque Apodaca, ahí mismo en Las Cruces. A las líderes les gustaba el lugar porque estaba cercado y podíamos levantar tiendas de campaña y hacer una fogata para hacer *s'mores*. Yo no sabía lo que eran los *s'mores*, pero las niñas mayores vitorearon cuando alguien los mencionó.

Antes de terminar la reunión, la señora Beeman nos dijo:

—No olviden consultar sus manuales este fin de semana. Pueden encontrar ideas de proyectos para ganar insignias mientras trabajamos en nuestro campamento y en otras actividades.

Yo no esperé a que llegara el fin de semana. Esa misma noche, después de terminar mi tarea, recorrí mi manual buscando las descripciones de las insignias. Julia Low, la fundadora de Girl Scouts, había dicho que las insignias eran un símbolo de que habíamos aprendido algo con la suficiente destreza para ser capaces de usarlo para servir a otros. Para cada insignia había una lista de pasos que había que superar para demostrar maestría en el asunto.

Me gustaban algunas insignias como la de Campista de Tropa, Cocinera de Exteriores y Ciclista, que toda la tropa iba a ganar. Pero también vi otras insignias que me interesaron. De hecho, hice una lista mientras me imaginaba en mi uniforme con mi banda llena de coloridas insignias de Auxiliar de Salud, Música y Libros, entre otras. Había incluso una insignia llamada Observadora que requería hacer una excursión a pie, buscar señales para predecir el tiempo atmosférico y aprender sobre las constelaciones.

Sin embargo, a medida que aumentaba mi entusiasmo por las insignias y los campamentos, un nudo se me iba haciendo lentamente en el estómago. Me encantaba como sonaban todas las actividades y las insignias. Pero mi mami ya me había comprado el uniforme de Juniors y el nuevo manual de Junior Girl Scouts. No había quedado dinero para los viajes y las actividades.

Quizás no iba a poder ser una Junior Scout. O quizás podía asistir a las reuniones y ganar algunas insignias sencillas, y nada más.

En la siguiente reunión, mientras nos sentábamos en círculo, las otras niñas bullían de emoción mientras platicaban sobre sus planes para el campamento y las insignias que querían ganar.

—¿Te pasa algo, Sylvia? —me preguntó la señora Beeman.

Sorprendida de que me hubiera puesto en evidencia, le dije que yo no creía que mi familia tuviera dinero para las actividades de Junior Girl Scouts. Luego bajé la vista, avergonzada.

—No te preocupes. ¡Venderemos galletas! —dijo, riéndose.

Miré a mi alrededor confundida. ¿Se estaba riendo de mí?

—Sylvia ha tocado un tema importante —explicó—. Las actividades que hemos planeado realizar costarán dinero. Pero no tienen de qué preocuparse —repitió—. Vamos a ganarnos el dinero que necesitamos para hacer todo lo que queremos hacer. ¿Cómo vamos a hacerlo?

La señora Beeman nos miró a todas.

—¡Galletas! —dijo una de las Juniors mayores, repitiendo las palabras de nuestra líder de tropa.

¿Galletas? ¿Qué quieren decir? Vi que otras Juniors nuevas también estaban perplejas.

Las niñas mayores explicaron que todos los años, en todo el país, las niñas de la organización vendían cajas de galletas (unas galletas especiales que solo se les podían comprar a las Girl Scouts) para reunir dinero para sus actividades de tropa. Ahora nos tocaba a nosotras.

Lo que dijo la señora Beeman acerca de ganar dinero para pagar nuestras actividades era algo nuevo para mí. Yo tenía mi propia cuenta de ahorros, la que había abierto para poder sacar una credencial de la biblioteca, y había estado añadiéndole dinero de manera continua. Me gustaba ver que la cantidad total que ponían en mi libreta de ahorros aumentaba con cada depósito.

Pero mi familia dependía completamente del sueldo de mi papá. Al igual que las otras madres que yo conocía, exceptuando a mi tía Alma, mi madre no trabajaba y el sueldo de mi papá a duras penas alcanzaba para cubrir nuestras necesidades. Y ya éramos una familia de seis. Mi nuevo hermanito, Armando, había nacido cuando yo tenía ocho años, en enero del año en el que yo cursaba tercer grado. Yo me emocioné mucho. No habíamos tenido a un bebé en la familia desde que nació Laura.

Mis padres no tenían muchos ahorros, incluso desde antes de que naciera mi hermanito. Todos amábamos a Armando, que era un bebé activo y feliz, pero desde que nació, mis padres se veían más preocupados por los gastos. Mi mami era muy frugal y siempre encontraba maneras de ahorrar, pero cada gasto nuevo parecía agarrarlos por sorpresa. Así eran las cosas en mi familia.

Ahora las Girl Scouts me iban a enseñar cómo planificar y ahorrar para mi futuro. Platicamos acerca del dinero que íbamos a necesitar para nuestras actividades, y la señora Beeman nos dijo cuánto había quedado el año pasado en nuestra cuenta bancaria. ¡No sabía que nuestra tropa ya tenía una cuenta bancaria!

Decidimos dejar nuestro campamento para la primavera, cuando el tiempo estuviera templado. Tendríamos varios meses hasta después de la venta de galletas, así que podíamos reunir el dinero para los suministros. Platicamos sobre lo que haríamos si llegaba a llover en la fecha elegida y sobre nuestros planes alternativos.

Mientas platicábamos, miré a mi alrededor a las otras niñas, asombrada. En mi familia nunca hablábamos así de nuestras actividades futuras, nunca hacíamos la conexión entre lo que queríamos hacer y planificarlo con anticipación para garantizar que tuviéramos el dinero ahorrado. Yo amaba a mis padres, pero esto era completamente nuevo para mí; algo que ellos no podían enseñarme, pero las Girl Scouts sí.

Luego hablamos de las insignias. Íbamos a ir en bicicleta al campamento y así íbamos a poder ganar la insignia de Ciclista. Íbamos a aprender las normas de tránsito y procedimientos básicos de mantenimiento, como aceitar la cadena e inflar las llantas para que la bicicleta rodara más fácilmente. Acamparíamos al aire libre y de esta manera trabajaríamos para obtener la insignia de Campista de Tropa: haciendo tablas para todas las labores del campamento y planificando los juegos y las excursiones.

¿Y la insignia de Observadora? —pregunté luego de levantar la mano—. Para esta se requiere hacer excursiones y aprender sobre la naturaleza.

A las otras niñas y a mi líder de tropa les gustó la idea, y la señora Davenport me pidió que planificara las actividades que necesitábamos hacer para ganar la insignia.

El año anterior, les rogué a mis padres que me compraran una bicicleta. Mario también les había rogado en mi nombre, pues yo usaba la suya con frecuencia. Por fin, me regalaron mi propia bicicleta, una Western Flyer de color verde. Mi mami me dijo que tres vueltas a nuestra manzana sumaban una milla, y yo me pasé toda una tarde dando vueltas y contando las millas.

Ahora, comenzaría a trabajar con mi tropa por la insignia de Ciclista. ¡Me di cuenta de que podía yo sola mantener mi bicicleta en buen estado y usarla en condiciones seguras con tan solo seguir los pasos para ganar una insignia de

Girl Scout! Después de aprender a medir la presión de las llantas, iba a revisarla con tanta frecuencia a la estación de gasolina que quedaba cerca de mi casa, que el gerente de la estación me regaló mi propio calibrador de presión del aire. Tenía hasta un clip con el que lo podía sujetar a mi bolsillo. Me gustaba cómo los pasos para ganar la insignia de Ciclista iban progresando, desde retos pequeños como parar y arrancar, hasta proyectos más grandes para toda la tropa, como planificar una expedición de todo un día y hacer actividades sobre seguridad para la comunidad. No todas las insignias requerían trabajar con toda la tropa, pero me encantaban las que sí.

Durante las semanas siguientes continuamos planificando nuestro campamento. Tendríamos tres comidas durante el viaje (cena, desayuno y almuerzo), así que platicamos sobre los suministros que necesitábamos llevar y lo que costarían. Cuando terminamos de planificar todo, ya teníamos un presupuesto.

Ahora que ya sabíamos cuánto iba a costar el viaje, la señora Beeman explicó cómo funcionaba la venta de galletas. El campamento nos costaría cien dólares, pero esa no era la única actividad que tendríamos que financiar con la venta de las galletas. Habíamos planificado un día de arte y manualidades, y necesitábamos comprar materiales de arte. También necesitábamos materiales para hacer cojines nuevos. Y en otoño planeábamos dar un paseo en carreta de heno y hacer una barbacoa.

El precio de cada caja de galletas era cincuenta centavos y a la tropa le quedaba una ganancia de veinticinco centavos. Con los otros veinticinco centavos se pagaba el costo de las galletas, y una parte iba para la oficina local de Girl Scouts. Para cubrir los gastos del campamento, el paseo en carreta de heno y las demás actividades, cada miembro de nuestra tropa tenía que vender setenta y cinco cajas de galletas.

¡Setenta y cinco cajas! Entre mi familia y la iglesia, no conocía a tanta gente para vender todas esas galletas. Iba a tener que vender también entre desconocidos.

No tenía ni idea de cómo comenzar.

En este punto no me sorprendí al enterarme de que Girl Scouts tenía un plan para que vendiéramos las galletas.

Lo más importante es que teníamos que usar nuestro uniforme siempre que estuviéramos vendiendo las galletas. En el manual decía: "La manera como actúas cuando llevas puesto tu uniforme muestra qué tan en serio te tomas tu promesa de Girl Scout. Te sientes orgullosa de tu uniforme, por eso lo mantienes limpio y arreglado". Tenía que mantener mi uniforme en buen estado todo el tiempo.

Mi primera caja de galletas se la vendí a mi mami. ¡Pero ella no me lo puso nada fácil! Yo nunca había probado una galleta de Girl Scout, pero tenía un papel en que había fotos de las cajas y una breve descripción de cada tipo de galleta. Mi mami me dijo que, antes de comprar, quería que yo le hablara de todos los tipos de galletas que había.

Me paré frente a ella, vistiendo mi uniforme, derecha y orgullosa.

—Primero —dije—, hay Chocolate Mints, galletas de chocolate cubiertas con una capa de chocolate con sabor a menta. Luego están los Peanut Butter Sandwiches, dos galletas crujientes de cacahuate con un relleno de mantequilla de cacahuate en medio de las dos.

En este punto, ya se me estaba haciendo agua la boca mientras describía las galletas de mantequilla dulce, las de sándwich de vainilla y las exóticas Koko, círculos azucarados cubiertos con chocolate y rociados con coco rallado.

Terminé de hablar de los cinco tipos de galletas, pero

mi mami no dijo nada. Se veía pensativa. Yo sabía que esas galletas eran un lujo para nosotros. Cuando mi papá iba a visitar a su padre, solía traernos galletas de Juárez, México. Una caja costaba menos que una de estas, y traía docenas de galletas.

—Te compro una caja de galletas Peanut Butter Sandwich —dijo por fin.

No me sorprendió su elección. A mi mami le encantaba la mantequilla de cacahuate.

—Compremos también una caja de Shortbreads y dos de Chocolate Mints —dijo después.

¡Cuatro cajas! Me di cuenta de que mi mami estaba tan comprometida como yo con la venta de galletas. Le sonreí, emocionada porque acababa de hacer mi primera venta.

Cuando escribí todo en mi forma de pedidos, mi mami me dijo que ya podía vender galletas a otros clientes. ¡Me quedaban setenta y una cajas por vender! Tenía mucho trabajo por delante.

Antes de ponerme a venderle mi primera caja de galletas, mi mami ya se había involucrado en las actividades de Girl Scouts. Comenzó cuando yo estaba en las Brownies, llevando meriendas a nuestras reuniones. A medida que se fue haciendo amiga de la señora Davenport y la señora Provine, comenzó a ayudarlas.

Antes de conocer a mis líderes de tropa, mi mami no tenía amistades que hablaran inglés, aparte de nuestra familia inmediata. Las líderes de mi tropa eran amas de casa, como ella. Con el tiempo, ellas y mi mami se llegaron a conocer muy bien, y el inglés de mi madre mejoró del cielo a la tierra.

Un día, cuando yo estaba en las Brownies, mis líderes le preguntaron a mi mami si quería ser la tesorera de nuestra tropa. Ella aceptó y se tomó su responsabilidad con mucha seriedad. Se hizo cargo de manejar nuestra cuenta bancaria y de mantener los informes financieros al día, y me acostumbré a verla manipulando tubitos de papel y bolsitas de plástico para los depósitos en efectivo. Su confianza aumentó a medida que fue aprendiendo a hacer su trabajo.

Cuando volé a las Juniors, mi mami voló de otra manera: se convirtió en ciudadana de Estados Unidos. Ya tenía su tarjeta de residente legal. Todos sus hijos y mi papá habíamos nacido en Estados Unidos, o sea que éramos ciudadanos. Era hora de que mi mami también lo fuera, así que mis líderes de tropa la pusieron en contacto con una oficina donde la ayudaron a hacer el trámite.

Mi papá no se mostró muy interesado al comienzo, cuando mi mami nos dijo que había decidido hacerlo. Dijo que no le parecía necesario.

—¿Por qué quieres hacerte ciudadana, si ya tienes tu tarjeta de residente? —le preguntó, perplejo.

Desde que le ofrecieron empleo en el Campo de Misiles de White Sands, años atrás, mi papá había estado trabajando muy duro. Nunca había faltado al trabajo, ni cuando estaba enfermo, y se sentía orgulloso de ser capaz de mantener a su familia, como muchos padres lo hacían en ese tiempo. En lo que a él concernía, lo único que tenía que hacer mi mami era atender la casa y cuidar a sus niños. Ahora decía que, si ella se hacía ciudadana, probablemente no iba a necesitarlo para nada, excepto para traer dinero a la casa.

Yo no tenía ni la menor idea de lo que mi papá quería decir, pero por esa época él solía estar de muy mal humor. Mi mami decía que lo habían ignorado cuando dieron un ascenso en su trabajo y que eso lo tenía muy disgustado.

Sin embargo, mi papá pudo ver todo el esfuerzo que mi mami estaba haciendo al estudiar para su examen de ciudadanía. Tenía que aprender de todo sobre la historia y el gobierno de Estados Unidos y estaba resuelta a no fallar ni en una sola pregunta del examen. El día que ella recibió la ciudadanía, mi papá le dijo que estaba orgulloso de ella. ¡Todos lo estábamos!

Ahora, la señora Beeman demostraba cuánto confiaba en mi mami al pedirle que se hiciera cargo de la venta de galletas. Era un trabajo muy importante, pero a mi mami le encantaban los retos y aprender cosas nuevas, así que aceptó.

En nuestras reuniones habíamos platicado sobre la manera de vender las galletas. Nuestras líderes de tropa nos habían enseñado cómo se suponía que las Girl Scouts debían llevar a cabo una venta. Una vez que le pedíamos a una persona que nos comprara galletas, no se nos permitía irnos hasta que hubieran hecho un pedido o hasta que nos hubieran dicho tres veces que no estaban interesados.

Cuando alguien decía que no por primera vez, yo tenía que preguntar "¿Por qué no quiere las galletas?". Si decían que no podían comer galletas, yo les sugería que las llevaran al trabajo, a la escuela o a la iglesia. Si decían que no les gustaban los sabores, yo podía recomendarles un sabor nuevo que quizás no habían probado. Y si decían que no tenían dinero, yo les podía decir que no tenían que pagar ahora al hacer el pedido sino cuando se las entregara. Y sería muy cómodo para ellos ya que yo se las llevaría a su casa.

Después de venderle las primeras cajas a mi mami, vendí otras entre nuestros parientes y miembros de la iglesia. Sin embargo, todavía me quedaba mucho por hacer para cumplir mi meta de vender setenta y cinco cajas. El siguiente paso era comenzar a vender en el vecindario.

Mientras mi mami mantenía el control de las galletas que habíamos vendido, yo me dedicaba a tocar puertas. Todos los días después de la escuela, excepto cuando teníamos nuestra reunión de Girl Scouts, me ponía mi uniforme tan pronto llegaba a casa. Me aseguraba de llevar la blusa bien metida dentro de la falda y mi banda bien puesta. Luego, tomaba mi forma de pedidos de galletas y un lápiz y me ponía en marcha. En aquel entonces, podías elegir entre salir a vender galletas sola o con una amiga. La mayor parte del tiempo lo hacía con otra Girl Scout, alguna de mis amigas de la tropa. Pero cuando vendía en las calles vecinas, salía sola.

La primera vez que toqué a la puerta de un desconocido fue donde una vecina a quien había visto pero con la cual nunca había hablado. Cuando me abrió, vi que tenía puesta una bata de baño rosada. Le pregunté si quería comprar galletas de Girl Scouts. Para mi sorpresa, dijo que no.

Me quedé mirándola, con los pies plantados en el suelo, mientras retumbaban en mi cabeza las palabras de la señora Beeman: no podíamos irnos hasta que el cliente hubiera dicho que no tres veces.

—¿Hay alguien más en casa que pueda querer comprar galletas? —solté de repente. La señora de la bata rosada volvió a decir que no.

—¿Hay alguien a quien usted quisiera alegrarle el día regalándole galletas de Girl Scouts? —le pregunté por última vez. La mujer sonrió y por fin dijo que sí.

Mientras platicábamos de los tipos de galletas que había me sentí muy contenta, como me había sentido con mi mami.

Con ventas como esta aprendí a ser persistente. Y gané confianza para hablar con más extraños. Mis números comenzaron a aumentar: cinco, diez, veinte cajas. En poco tiempo, ya tenía una lista de calles y casas del vecindario donde había ofrecido las galletas.

En cada puerta, comenzaba presentándome y diciendo

el nombre de mi tropa de Girl Scouts. Luego pasaba a describir los diferentes tipos de galletas. A veces, la persona me compraba una caja o dos antes de que yo hablara mucho (probablemente ya conocían las galletas de Girl Scouts). Algunas personas hasta me dijeron que sus hijas habían sido Girl Scouts.

Sin embargo, otras personas no me compraban nada, ni siquiera después de preguntarles las tres veces. No eran groseros, en realidad, solo que no me dejaban hablarles mucho. Entonces, yo me iba para otra casa y luego para otra más.

Cuando terminé de vender las setenta y cinco cajas, ya sabía muy bien cómo hacer una venta. Tocaba a cada puerta con la seguridad de que era capaz de convertir un "no" de un cliente potencial en un "sí". También me había ganado el derecho a ir a nuestro campamento, pues había reunido el dinero que necesitaba para cubrir mis gastos. ¡Con mis setenta y cinco cajas había ganado $18.75 para mi tropa!

La venta de galletas cambió completamente mi manera de pensar acerca de mi vida. Aprendí destrezas inestimables: cómo vender y cómo crear oportunidades para mi tropa de Girl Scouts y para mí. Era capaz de generar posibilidades para mí misma. Eso me dio la seguridad y la valentía para soñar en grande.

Cuando se terminó el programa de venta de galletas, mi mami se encargó de reunir las formas de pedidos de todas las niñas de mi tropa. Calculó la cantidad de cajas de cada tipo de galletas que cada una de nosotras había vendido y envió el pedido de nuestra tropa a la sede principal regional de Girl Scouts. Mi mami asistió a nuestra siguiente reunión y nos dijo cuál era la cantidad total de cajas que habíamos vendido y cuánto dinero habíamos hecho para nuestra tropa. ¡Todas vitoreamos! Era un montón de dinero. Lo que más me gustó fue cuando la señora Beeman nos dijo que ese año nuestra tropa había reunido más dinero que los dos años anteriores.

Teníamos que esperar varias semanas a que las galletas llegaran a la casa de nuestra líder de tropa. Llegaron en grandes cajas que estaban marcadas con los nombres de las galletas que venían adentro: Chocolate Mints, Shortbread, Peanut Butter Sandwiches, etc. Cada una de nosotras usó su forma de pedidos para apilar en la sala de la señora Beeman las galletas que había vendido. Como las pilas de cajas eran altas, la señora Beeman nos pidió que viéramos si alguien de la familia nos podía ayudar a llevar las galletas a nuestra casa.

Mi pila de cajas era demasiado grande para llevarlas a casa caminando, incluso con ayuda. Pensé que la mejor manera de transportarlas era en el carro. Mi mami sabía manejar. Esa noche le pedí su ayuda, y ella aceptó.

Al día siguiente era sábado. Le dije a mi mami que podíamos ir a recoger las galletas a cualquier hora. Pero ella dijo que teníamos que llegar temprano a la casa de la señora Beeman. Me dijo que no podía llevarme mis cajas hasta que las otras niñas vinieran a recoger las suyas. Mi mami verificó la cantidad de cajas de cada una, de la misma manera que había revisado mis rollos de monedas tiempo atrás, cuando rompí mi alcancía de gato. A medida que cada niña verificaba y volvía a verificar, mi mami asentía, dándole su aprobación y el permiso para llevarse las cajas.

Cuando la última niña se fue con sus cajas, nos llevamos las nuestras a casa. Después le pedí prestada a Mario su carreta roja y repartí todas las galletas que había vendido, excepto unas que podía llevar a la iglesia al día siguiente. Con cuidado, hice una pila con estas cajas. Al final sobraron cuatro: las que mi mami me compró en mi primer día de la venta de galletas. Ella abrió su cartera y sacó dos billetes de un dólar, y yo le entregué las cuatro cajas. Mi mami se quedó mirándolas, como pensando cuáles probar primero. Entonces, abrió una caja de Peanut Butter Sandwiches. Le dio una galleta a Laura, me dio una a mí y luego tomó una para ella.

Yo mordí mi galleta y el sabor de la mantequilla de cacahuate inundó mi boca. Laura ya se había engullido la suya.

—Muy sabrosa —dijo mi mami.

Yo sonreí. Me había ganado esa galleta.

—¡Deliciosa! —dije.

CAPÍTULO 11

El amor de mi familia por la biblioteca

Mientras mi mami hacía nuevas amistades en el vecindario y trabajaba como voluntaria para mi tropa de Girl Scouts, mi papá seguía haciendo lo que siempre había hecho. Le gustaba visitar a su familia: a su madre y su hermana en Las Cruces, y a su padre en El Paso. Se aseguraba de que Mario y yo tuviéramos un buen desempeño escolar y abrazaba a mi hermanita todas las noches al llegar del trabajo.

Mi papá se levantaba a las 5:30 de la mañana todos los días para ir a trabajar. El sábado, naturalmente, dormía hasta tarde. A mi mami no le gustaba que lo hiciera, especialmente porque necesitaba su ayuda para hacer algunas tareas domésticas.

Mi papá lo sabía todo. Le encantaban los datos y el conocimiento, y le encantaba explicar cómo eran las cosas, especialmente a sus hijos. Mario y yo hablábamos dos idiomas, pero mi papá hablaba tres: español, inglés y alemán. Había aprendido alemán en la universidad y lo usaba para tomar cursos avanzados de química. Mantuvo su competencia lectora en alemán en un buen nivel durante toda su vida.

A veces, picaba a Mario poniéndonos a medirnos en un concurso, por lo general, con alguna pregunta de historia o geografía.

—Mario y Sylvia —decía—, vamos a ver quién se sabe más capitales de los estados.

A pesar de que mi hermano era mayor, a veces yo daba las respuestas correctas antes que él. Cuando eso pasaba, mi padre regañaba a mi hermano.

—¿Te dejaste ganar por una niña, Mario? —le decía. Y Mario se enojaba.

A mí me daba un poco de lástima, pero eso no me impedía hacer todo lo posible para vencerlo todas las veces.

Por ser un varón, Mario se llevaba la rebanada más grande del pastel a la hora de capturar la atención de mi papá. Incluso cuando yo ganaba un concurso, mi papá parecía poner más atención en la derrota de Mario que en mi victoria. Laura siempre se las arreglaba para llamar la atención de mi papá con un beso y un abrazo; pero entre Mario y los libros, periódicos y revistas de química, a mi papá le quedaba poco tiempo para mí.

Además, por mucho que yo me esforzara, no ganaba los concursos de mi papá muy seguido. Mario era muy inteligente y obviamente había aprendido muchas más cosas que yo en la escuela. Tanto a Mario como a mi padre les encantaba la historia, especialmente, la historia militar, y a Mario le gustaba leer sobre batallas famosas. Como les interesaba tanto el tema de la Segunda Guerra Mundial, yo crecí aprendiendo mucho sobre el Día D, la batalla de las Ardenas y otras batallas libradas en esa guerra.

Papa sabía mucho de historia porque le encantaba leer. No pasaba un día en el que no tuviera la nariz clavada en un libro, aunque fuera por un rato. Siempre que una novela de suspenso *bestseller* salía al mercado en pasta blanda, él la compraba y se pasaba todo el fin de semana devorándola. En aquel entonces, en todas las tiendas había estantes llenos de libros de pasta blanda, hasta en las tiendas de las estaciones de gasolina.

A mi papá también le gustaba la biblioteca. Los domingos, cada dos semanas, iba a la biblioteca de la universidad y, cuando no iba a El Paso a visitar a su padre, solía ir a la biblioteca de nuestro barrio los sábados. Si queríamos pasar tiempo con él, para allá íbamos nosotros también. Cuando yo estaba pequeña, mi papá llevaba a Mario a la biblioteca y yo tenía que rogar que me llevaran. Él se ponía muy severo conmigo; me decía que cuando estuviéramos en la biblioteca no lo molestara. Ahora que estábamos más grandes, no le importaba llevarnos a los dos.

Nuestra sucursal de la biblioteca pública era la de Branigan, en Las Cruces, tanto antes como después de que nos mudáramos a Kay Lane. Era un edificio de adobe construido en la década de los treinta, y tenía un mural en un arco que estaba sobre el mostrador de la salida. En el mural se veía a un monje católico español del año 1610 mostrándoles un libro abierto a un grupo de indígenas norteamericanos entre los que se encontraba un niño. Me preguntaba si aquel monje me hubiera leído el libro a mí. "¿Le habría leído alguna vez una historia a ese niño?".

A todos nos gustaba ir a la biblioteca, pero mi hermano Mario y mi papá no perdían la oportunidad de ir cada vez que podían. Si mi papá tenía algo que hacer el sábado, Mario se iba solo y se sentaba a leer en una esquina todo el tiempo que podía. A veces mi mami tenía que llamar a la biblioteca.

—Díganle a Mario que venga para la casa. Ya es la hora de cenar.

Los bibliotecarios eran amables y llegaron a conocernos bien. Nos saludaban por nuestro nombre cada vez que íbamos. Nosotros también sabíamos sus nombres. Pero tenían sus normas. Una era que teníamos que guardar silencio. Otra era que hasta los doce años los niños solo podían sacar libros de la sección infantil.

Siempre que llegábamos a la biblioteca, mi papá se iba directo a la sección de periódicos y revistas.

—Pórtense bien —nos decía, mientras tomaba del estante el periódico del día y nosotros nos dirigíamos a la sección infantil. Cuando queríamos encontrarlo, solo teníamos que buscarlo en la sala de lectura de adultos. Nunca venía con nosotros ni nos ayudaba a elegir libros, y nosotros no esperábamos que lo hiciera.

Yo decidí que si no me permitían leer nada que no estuviera en la sección infantil, iba a leerme todo lo que había en los estantes de esa sala. Cuando hubiera terminado, quizás, los bibliotecarios me permitirían leer libros del resto de la biblioteca.

De no haber sido por la biblioteca, jamás habría leído todo lo que leí. En casa teníamos pocos libros, y me los leí todos de pasta a pasta varias veces, hasta casi aprendérmelos de memoria. Una vez, cuando yo apenas comenzaba a leer, fuimos de viaje a El Paso y paramos en una tienda por departamentos que tenía una librería. Mis padres me compraron un libro sobre una enfermera que se llamaba Clara Barton. Era la primera vez que leía sobre una mujer que había logrado cosas importantes, incluso ayudar a ganar una guerra. Durante el viaje de regreso a casa, me senté en el regazo de mi mami y me puse a leer. No me di cuenta a qué horas llegamos a nuestra casa en Las Cruces.

Como mi mami todavía no sabía leer en inglés, cuando yo me encontraba alguna palabra desconocida, ella se la deletreaba en español a mi padre y él la pronunciaba en inglés.

Leí ese libro tantas veces que mi mami se lo aprendió todo en inglés. Me fascinaba leer acerca de alguien que había vivido hacía tanto tiempo y sin embargo todavía era recordada ahora, un siglo después de haber logrado su hazaña.

Cuando saqué mi propia credencial de la biblioteca, descubrí una colección completa de biografías sobre la infancia de gente famosa, y esos libros se convirtieron en mis favoritos. Me gustaba saber que personas famosas como Abraham Lincoln, Florence Nightingale y Harriet Tubman habían sido niños, como yo, y me preguntaba qué habían hecho de grandes.

Nos dejaban llevar a casa algunos libros de la biblioteca todas las semanas, así que con el tiempo llegué a leerme todos los que tenían en la sección infantil.

Me encantaba leer desde mis días en Head Start. Cursaba primer grado cuando mi madre se enteró de que había unos libros que vendían con discos. Los niños podían leer en el libro siguiendo la voz de alguien que lo leía en el disco. Como mi mami no podía leerme en inglés, me compró un tocadiscos portátil que se doblaba como un maletín para que yo pudiera escuchar los libros grabados. Y cuando podía costearlos, me compraba de esos libros.

Yo me sentía especial porque entendía que esa era la manera como mi mami quería animarme a leer. Yo usaba el tocadiscos para leer, pero también dejaba que Laura lo usara para escuchar música. Un par de años más tarde, Laura ponía el disco de su canción favorita, "Waltzing Matilda", una y otra y otra vez. Yo me cansaba de oír la canción, pero jamás me cansé de ver la alegría que le producía a mi hermana escucharla.

Había algunos libros que no se podían sacar de la biblioteca, como las grandes y pesadas enciclopedias. A veces, pasaba las páginas del tomo de la D, por ejemplo, y leía sobre Dinamarca, los dodos, los dinosaurios y cualquier otra cosa que captara mi atención. Después, pasaba al tomo de la B y aprendía sobre Bélgica, bacterias y baloncesto.

Cuando Mario y yo entramos a la escuela, nuestros padres nos compraron la *World Book Encyclopedia*, que se componía de veinte libros ilustrados, un tomo para cada letra del abecedario, excepto para aquellas menos comunes, que compartían tomos con otras. También nos compraron un atlas mundial. Estos libros de referencia constituían una enorme inversión para ellos, y Mario y yo los devorábamos. Nos encantaba la sección de anatomía de la enciclopedia, donde se mostraban los sistemas óseo, digestivo y respiratorio del cuerpo humano, e incluso las diferentes capas de la piel, con páginas translúcidas.

En aquel tiempo no había computadoras en las escuelas ni en las casas. Cuando queríamos aprender algo, la biblioteca era nuestra Internet y los bibliotecarios, nuestro Google. Podíamos preguntarles lo que fuera y ellas siempre nos ayudaban a encontrar la respuesta. Era así como aprendíamos sobre el mundo que estaba fuera de Las Cruces.

Un día, una amiga de Girl Scouts dijo que un boliche de la ciudad estaba creando una liga solo para niños. Si nos metíamos a la liga, seríamos parte de un equipo y jugaríamos contra otros equipos de niños de la liga.

En mi familia nadie había jugado boliche. Yo ni siquiera sabía bien lo que era el boliche, pero me gustaba la idea de ser parte de un equipo. Además, gracias a mi experiencia en Girl Scouts, sabía que podía aprender a jugar boliche si lo hacía paso a paso, como cuando trabajaba para ganar una insignia. Por eso, en mi siguiente visita a la biblioteca le pregunté a la bibliotecaria:

—¿Tienen algún libro sobre boliche?

—Dame un minuto —dijo, y desapareció en la sección informativa de adultos.

Al cabo de un minuto regresó con un libro pequeño. Aunque no era un libro de la sección infantil, me dijo que me lo podía llevar a casa. En la portada había un adolescente sonriente, sosteniendo una bola que era más grande que su cabeza. Emocionada, saqué el libro prestado.

Ese fin de semana, leí el libro de pasta a pasta. Me aprendí todas las reglas de memoria y estudié minuciosamente los dibujos que mostraban cómo levantar la bola y cómo lanzarla por la línea. Si tumbabas los diez pinos al tiempo, hacías una chuza, que era la manera de obtener la mayor puntuación. Si te quedaban algunos pinos de pie y los tumbabas en el segundo lanzamiento, entonces hacías media chuza. No sabía por qué se usaban esas palabras. Tenías dos oportunidades para tumbar los pinos y esos dos turnos se llamaban una tirada. Me gustaba saber la terminología porque eso quería decir que estaba aprendiendo algo nuevo.

Luego de estudiar los dibujos, practiqué en mi cuarto, agarrando una bola imaginaria y lanzándola por la línea con un gesto exagerado. Cerré la puerta para que nadie me viera. Seguí practicando, mirándome al espejo para asegurarme de estar parada en la misma posición de la persona del dibujo del libro. El sábado, por fin, mi amiga y yo fuimos caminando al boliche y nos registramos en un equipo. Yo había ahorrado mi mesada semanal para poder pagar el costo del registro y rentar los zapatos.

Muy rápidamente me di cuenta de que el boliche de verdad no se parecía al que yo jugaba en mi cuarto. Sin embargo, cuando llegó el día de devolver el libro a la biblioteca, yo ya era capaz de tumbar la mayoría de los pinos, al igual que el resto de los niños de mi equipo. Al poco tiempo, comenzamos a ganar trofeos y yo me convertí en una de los mejores jugadoras del equipo.

De no haber sido por las insignias que había ganado en Girl Scouts, nunca hubiera tenido la valentía para aprender a jugar boliche. Gracias a las insignias, sabía que podía aprender sola lo que me hiciera falta para alcanzar una meta y para ser parte de un equipo. Con un poco de ayuda de la biblioteca, usé esas destrezas para entrar a la liga de boliche. Todavía recuerdo la sensación en mis dedos al tocar la superficie lisa de mi primer trofeo de boliche mientras, sosteniéndolo con firmeza, corría a casa para mostrárselo a mi madre llena de emoción.

. . .

Como mi papá era ingeniero químico, tenía que mantenerse al día con los avances en su campo. Para eso utilizaba revistas de química que iba a leer cada dos semanas a la biblioteca de la Universidad Estatal de Nuevo México en Las Cruces. Con el tiempo, papá se interesaba cada vez más en su trabajo y continuaba trabajando muy duro. A veces, él y mi mami discutían por cosas que los niños no entendíamos. Cuando nosotros discutíamos de la misma forma, a veces nos ganábamos una paliza si mi papá estaba en casa y perdía los estribos porque gritábamos mucho. Si mi papá no estaba, mi mami encerraba a los dos que estuviéramos peleando en el baño hasta que hiciéramos las paces. Pero mis padres tenían desacuerdos, no había nadie que les dijera cómo debían comportarse.

Después de cada discusión, mi padre pasaba más tiempo en la biblioteca. Cuando Mario y yo íbamos con él a la sucursal de Branigan, yo siempre me marchaba al cabo de un par de horas. Me encantaba leer, pero no era capaz de quedarme encerrada tanto tiempo. ¡Tenía que salir a correr! Mario, sin embargo, era como mi papá; siempre tenía la nariz clavada en un libro y podía pasar todo el día en la biblioteca.

Aun así, yo leía bastante. Cuando llegué a cuarto grado, leía todo lo que caía en mi poder. Era una de las mejores estudiantes de la clase. Ese año sucedió algo que cambió mi manera de pensar respecto a mi futuro.

Yo sabía que algún día iba a ir a la universidad, a pesar de que la mayoría de las mujeres adultas que conocía habían llegado como mucho a terminar la preparatoria. Muchas, como mi mami, solo habían hecho la primaria. Exceptuando a mis maestras, mi tía Alma era la única mujer que yo conocía que tuviera un título universitario. Cuando yo pensaba en la universidad, me imaginaba una escuela como Alameda, con la diferencia de que yo sería mayor y más alta. ¡Era posible que hasta tuviera mi propio carro!

No sabía que en la universidad los estudiantes se concentraban en una sola área de estudio y que, contrario a nuestras escuelas públicas, había que pagar para poder asistir. Lo único que yo sabía era que yo quería ir.

Sin embargo, yo no hablaba de estas cosas con nadie en aquella época. Estaba más interesada en ganar insignias de

Girl Scouts, montar bicicleta, jugar y leer todos los libros de la biblioteca. Disfrutaba mi equipo de boliche y me encantaba el baloncesto, que era mi pasatiempo favorito a la hora del recreo. La preparatoria e incluso la secundaria se veían todavía muy lejos.

El hijo de mi maestra de cuarto grado se había ido de Las Cruces para asistir a la universidad y le había enviado fotografías de diferentes universidades del mundo. Un día, ella decidió mostrárnoslas. Instaló en la clase un proyector de diapositivas con todas las fotografías, en las que se veían enormes y modernos complejos de ladrillo y edificios oscuros de piedra cubiertos de enredaderas. Una de las diapositivas me llamó mucho la atención.

Esa universidad no se parecía a ningún lugar que yo hubiera visto en Las Cruces. Los edificios eran hermosos. Tenían techos de tejas rojas, enormes arcos y el pasto más verde que yo había visto en mi vida. Levanté la mano.

—¿Cuál es esa? —pregunté.

—Es la Universidad de Stanford, en California —dijo mi maestra.

—Quiero ir allá —dije. Ella caminó hacia mi pupitre.

—Es una universidad muy buena —dijo, sonriendo—. Eres una niña inteligente. Si quieres ir, podrás lograrlo.

Me di cuenta de que una universidad era un lugar real, no simplemente algo de lo que nos hablaban a los niños para que hiciéramos la tarea. Yo podía elegir una universidad e ir allá, aunque quedara lejos de Las Cruces, Nuevo México. Si las otras niñas que yo conocía querían casarse y tener hijos, yo podía elegir hacer otras cosas. Podía convertirme en alguien que viviera aventuras, como las niñas que veía en los programas de Disney.

Tenía nueve años y vivía en un pequeño pueblo del desierto. Y ese día decidí que algún día iría a Stanford.

Yo en quinto grado—¡mundo, prepárate!

CAPÍTULO 12

Una tropa para todas

Una de las mejores cosas de ser una Junior de Girl Scouts era ganar insignias. Nos habíamos ganado varias en nuestro primer campamento. Solo habíamos pasado una noche, pero me encantó cada minuto del viaje: cuando levantamos nuestras tiendas en el parque Apodaca, cuando cocinamos nuestra comida y cuando cantamos canciones junto al fuego mientras asábamos malvaviscos. Hasta dormir al aire libre, rodeada de mis amigas en sus bolsas de dormir, me pareció emocionante.

En mi primer año de Junior, en cuarto grado, obtuve la insignia de Observadora. Me encantaba pasar los fines de semana al aire libre, buscando formaciones en las nubes, constelaciones y hasta insectos haciendo sus labores. Hasta hice una presentación para mi tropa sobre las formaciones geológicas de las aledañas montañas Organ. Cada vez que ganaba una insignia, la cosía a mi banda con orgullo.

Después de nuestro campamento, la señora Beeman me dijo:

—¿Sabes algo, Sylvia? Recuerdo haberte visto mientras mirabas las estrellas…

Se había dado cuenta de lo mucho que me gustaba mirar hacia arriba, con los pensamientos sumergidos en las estrellas, absorbiendo la magnificencia de esa infinidad de puntos luminosos que se extendían en el negro terciopelo del infinito. A veces, después de la puesta de sol, me trepaba a la morera de nuestro jardín del frente y me quedaba mirando las estrellas por un largo rato. Había leído que Robert Goddard, el padre de la ingeniería espacial moderna, también solía trepar a un árbol, observar las estrellas y soñar con viajar al espacio.

—¿Habrá alguna insignia para ti relacionada con las estrellas? —se preguntó mi líder de tropa—. ¿Quizás algo como estudiar el espacio?

Después de esa conversación, revisé mi manual de

Junior Girl Scouts, pero no encontré ninguna insignia sobre la materia. Varios meses después, en mi segundo año de Junior, la señora Beeman volvió a tocar el tema. Me dijo que en el manual de las Cadettes, las Girl Scouts mayores, había una insignia de Ciencias. Ella se imaginaba que yo seguramente disfrutaría esos proyectos, ya que me había gustado tanto trabajar para ganar la insignia de Observadora.

Yo no estaba convencida de querer ganar la insignia de Ciencias. Las otras niñas de mi tropa iban a comenzar a trabajar en la insignia de Cocina y yo también quería hacerlo. La señora Beeman me animó. Me dijo que podía ganarme las dos insignias y me prestó el manual de las Cadettes para que pudiera ver cuáles eran los requisitos.

Después de la reunión, leí sobre la insignia de Ciencias. Tuve que admitir que sonaba divertido, así que decidí hacerlo. Le añadí químicos a plantas en crecimiento para ver qué sucedía. Tomé un paquete de semillas de tomate y las puse a retoñar envueltas en papel periódico húmedo. Luego las planté en el jardín y, en poco tiempo, coseché tomates para comer en casa. Para cumplir con otro de los requisitos, coleccioné recortes de prensa sobre el programa espacial y la energía atómica. Y tuve que aprender sobre palancas y demostrar su funcionamiento.

Disfruté mucho el proceso de cumplir con los requisitos para ganar la insignia de Ciencias. Sin embargo, el manual también decía que tenía que hacer un proyecto de ciencias diseñado por mí misma. Al comienzo, no sabía qué hacer. Pero luego se me ocurrió una idea: quizás podía hacer un proyecto con cohetes Estes.

Por aquellos días, se hablaba mucho sobre los viajes espaciales. Cuando yo tenía cuatro años, el presidente Kennedy había prometido enviar a un hombre a la Luna. Ahora, el presidente Johnson prometía lo mismo, así que la NASA (siglas en inglés de la Administración Nacional de la Aeronáutica y del Espacio) estaba trabajando en llevarlo a cabo. Por lo tanto, muchos niños (y sus padres y maestros) estaban muy entusiasmados con el tema de los cohetes, y también con astronautas como John Glenn, el primer estadounidense en orbitar la Tierra.

Los cohetes Estes eran modelos de cohetes que se podían lanzar al aire, a una altura elevada. Yo había escuchado a mi hermano y a mis primos hablar de estos cohetes, y a veces también a niños de la escuela. Si ellos podían lanzar modelos de cohetes hacia el cielo, ¿por qué no iba a poder hacerlo yo también?

Mario se lo pasaba construyendo modelos, así que le pregunté dónde podía conseguir cohetes Estes. Él me dijo que en Hobby Hut, la tienda donde compraba sus modelos de plástico de aviones de la Segunda Guerra Mundial, quizás los vendían. Pero a él también le llegaban catálogos por correo, y tenía en su cuarto uno sobre los cohetes Estes.

Miramos el catálogo juntos y Mario me ayudó a entender la diferencia entre distintos cohetes; la dificultad para armarlos y los precios. Elegí un modelo, saqué dinero de mi cuenta de ahorros e hice mi pedido. Al cabo de tres semanas que me parecieron una eternidad, recibí mi cohete por correo.

El kit del cohete incluía un tubo de cartón, las aletas y el cono cortados en madera de balsa, un paracaídas de plástico, cuerdas y las instrucciones de montaje. Los motores del cohete venían por separado, en un paquete de tres. Eran autónomos y funcionaban con un propelente sólido. Mario me ayudó a pegar las aletas y me mostró dónde debía ir el cono. Luego armamos el paracaídas y, por último, pintamos el cohete. Todas las piezas tenían que ensamblarse con precisión para que el cohete pudiera volar de verdad y para que el sistema de recuperación con paracaídas funcionara bien. La espera para que secaran el pegamento y la pintura me pareció eterna. Me moría de ganas de lanzar mi cohete.

Como el encendido de los motores debía realizarse mediante un dispositivo electrónico, Mario tuvo que pedirle a un amigo que nos prestara una plataforma de lanzamiento de batería. El día del lanzamiento, Mario y yo llevamos la plataforma de lanzamiento y el cohete a un lote arenoso vacío que había en el vecindario. Plegamos el paracaídas y lo insertamos en la parte frontal del cuerpo del cohete y luego encajamos el cono en su puesto. Después insertamos uno de los motores en la cola del cohete e introdujimos un detonador por la abertura de la tobera del motor, y conectamos el detonador a los cables de la plataforma de lanzamiento.

Cuando el cohete estuvo montado sobre la guía de la plataforma de lanzamiento, dimos unos pasos hacia atrás y recité la cuenta regresiva a partir de diez de manera que sonara como la cuenta oficial de la NASA. Al llegar a "¡Despegue!", giré la llave de lanzamiento para prender el motor.

No sucedió nada. El cohete se quedó inmóvil sobre la plataforma de lanzamiento.

Luego de un par de secuencias de ensayo y error, aprendimos que prender los detonadores eléctricos era un trabajo engorroso. Si el cohete no se lanzaba, teníamos que esperar unos minutos antes de volver a ajustar el detonador para verificar que el motor no hubiera comenzado a quemarse. Después de varios intentos, por fin giré la llave y el pequeño cohete salió disparado dejando una estela de humo.

Luego de haber subido varios cientos de pies, el motor detonó la carga de eyección produciendo un ruido de explosión. Vimos cómo el paracaídas se desplegó y el cohete comenzó a flotar hacia el suelo. ¡Lo había logrado! Corrimos hacia donde se dirigía el cohete, pues no sabíamos exactamente dónde iba a caer. Me emocionó mucho encontrarlo en un lugar cercano, intacto y listo para volar de nuevo. Esa tarde lo lanzamos dos veces más.

Al poco tiempo, recibí mi insignia de Ciencias.

Mientras yo lanzaba cohetes, la mayoría de las otras niñas de mi tropa habían comenzado a trabajar en su insignia de Cocina. Yo a veces ayudaba a mi mami en la cocina, pero excepto en la época de la Navidad, cocinar me interesaba muy poco. Sin embargo, en las reuniones, las otras niñas platicaban emocionadas acerca de las recetas que habían hecho. Yo no quería perderme nada.

Como la mayoría ya había comenzado, tenía que apresurarme para alcanzarlas. El primer requisito era aprender a medir ingredientes secos, líquidos y sólidos. Para demostrar que ya sabíamos hacerlo, nuestras líderes de tropa decidieron que teníamos que cocinar algo a partir de una receta. Cada una lo haría en su casa y luego le platicaríamos a la tropa sobre nuestra experiencia. Como me gustaban las galletas, decidí hacer galletas de mantequilla de cacahuate.

Para entonces mi mami ya hablaba un poco de inglés. Sin embargo, todos nuestros libros de cocina estaban en español. Yo sabía leer algo de español, pero no tan bien como leía en inglés.

—¿Necesitas ayuda? —me preguntó mi mami.

—No, ya sé lo que tengo que hacer —le contesté convencida. Después de todo, las había ayudado a ella y a la tía Angélica a hacer pasteles desde pequeña. La tía Angélica ya no vivía con nosotros, pero era talentosa en la cocina y a mí me encantaba acompañarla mientras cocinaba. Encontré una receta para galletas y, aunque estaba en español, pensé que me sería fácil entender las instrucciones.

Sintiéndome muy adulta, tomé un recipiente y comencé a echar los ingredientes: azúcar, mantequilla, un huevo. Verifiqué cada cosa con cuidado antes de añadirla a la mezcla. Medí una taza de harina y la agregué al recipiente. Luego, con una espátula, eché y volví a sacar la mantequilla de cacahuate de la taza graduada. La receta indicaba que debía añadir media cucharadita de polvo de hornear y la misma cantidad de bicarbonato de sodio. Leí las medidas en español en el libro de cocina y las traduje mentalmente al inglés.

¡Ya casi estaba terminando de medir todo! El siguiente ingrediente era sal. Leí rápidamente la medida en español y, al ver la "c" de "cucharadita", me precipité a concluir que necesitaba una taza ("a cup"). Me pareció que una taza de sal era demasiado, pero eso era lo que decía la receta. Medí una taza de sal y la eché al bol.

Cuando se habían mezclado todos los ingredientes, saqué pequeñas porciones de la masa e hice bolitas. Puse las bolas bien organizadas en filas en el molde de hornear y las aplasté con un tenedor, grabando líneas entrecruzadas sobre cada una. Puse el cronómetro y me quedé observando las galletas para que no fueran a quedar muy doradas. Olían delicioso y se veían perfectas.

La primera tanda de galletas se estaba enfriando y yo estaba a punto de meter una segunda tanda al horno, cuando Mario entró a la cocina. Sin pedir permiso, tomó una galleta y se la metió a la boca. Luego corrió a escupirla al fregadero.

—¡Esto sabe horrible!—exclamó.

Pensé que solo se estaba burlando de mí. Le respondí indignada. Mi mami entró a la cocina para saber a qué se debía el alboroto. Cuando Mario le dijo que la galleta tenía un sabor espantoso, mi mami tomó una y le dio un pequeño mordisco. Luego me volteó a mirar.

—Sylvia, explícame cómo hiciste la masa. Dime cada uno de los pasos.

Paso a paso, dije la receta, en inglés y en español. Cuando le expliqué que había supuesto que "1 cucharadita de sal" quería decir "one cup of salt", mi mami abrió los ojos como platos.

—¿Le pusiste una taza de sal a las galletas?—preguntó, horrorizada—. Esta es la medida de una "cucharadita"—dijo, moviendo una cucharita frente a mis ojos—. "Cup" es "taza"—añadió, apuntando la línea de la receta donde se hacía referencia a la medida de la harina. ¡Existen muy pocas recetas para las que se necesita una taza de sal!

Antes de que terminara de hablar, ya me había dado cuenta de que mi mami tenía razón. Yo había medido bien todos los demás ingredientes luego de traducir al inglés correctamente las palabras "taza" y "cucharadita", pero me descuidé al final y cometí el error de traducir mal la medida de la sal.

Mario rio socarronamente, y me di cuenta de que mi mami trataba de esconder una sonrisa. Yo me sentí completamente responsable del error.

Limpié la cocina y envolví en periódicos las galletas y el resto de la masa para evitar tener que verlas en la basura. Las demás niñas iban a recibir sus insignias de Cocina y yo iba a ser la única de mi tropa sin esa insignia en la banda.

Le pregunté a mi mami si podía volverlo a intentar.

Ella se puso triste.

—La mantequilla de cacahuate es cara —dijo—. No podemos darnos el lujo de comprar más.

Entonces se dirigió a la despensa, y yo la seguí.

A ver, ¿qué tenemos? —dijo, pensativa. Teníamos harina, pasta de tomate y levadura—. Hagamos una pizza —dijo.

Había una receta en la caja de la levadura. Mientras yo sacaba los ingredientes, mi mami me preguntó si necesitaba ayuda. Esta vez las instrucciones estaban en inglés, así que le dije que no. ¡Yo podía leer todas las palabras de la receta sin problema!

Abrí el paquete de levadura y la eché en un bol. Las instrucciones decían que debía añadir agua tibia. Recordé lo importante que había sido lograr la temperatura correcta cuando lanzamos el cohete, así que puse a calentar agua en una olla. Cuando hirvió, medí una taza y la vacié sobre la levadura. Añadí harina, sal y aceite de cocina, y amasé la masa por un buen rato, hasta obtener una bola suave. La dejé en el bol, cubierta con una toalla, y esperé hasta que la masa creciera.

Al comienzo, revisé la masa de la pizza varias veces, en intervalos de unos pocos minutos, hasta que mi mami vino a la cocina y me dijo que podía salir a jugar un rato. Cuando regresé, una hora más tarde, la masa estaba exactamente igual. Nada había cambiado, excepto que la parte exterior se había secado.

Una vez más, mi mami revisó conmigo los pasos de la receta, pidiéndome que le explicara qué había hecho en cada uno. Luego me dijo:

—Sylvia, tenemos otra caja de levadura. Tira esto y hagámoslo otra vez.

Me explicó que yo había matado la levadura al echarle agua hirviendo. Yo no había entendido que la levadura estaba viva y que creaba las burbujas que hacían que la masa creciera. El agua estaba demasiado caliente para la levadura, de la misma manera que lo habría estado para mí si me la hubiera echado encima.

Esta vez mi mami se quedó a ayudarme sin preguntármelo. Cuando llegamos a la parte en la que había que echarle agua tibia a la levadura, me dijo que verificara la temperatura salpicando una o dos gotas de agua en la muñeca de mi mano. Si el agua me quemaba, estaba muy caliente. Idealmente, debería solo molestarme un poco.

Añadí el agua a la levadura, la agité rápidamente y esperé diez minutos. La mezcla tenía un color marrón grisáceo y tenía burbujas en la superficie, como en una reacción química. No tenía una pinta apetitosa; sin embargo, le añadí sal, aceite, harina y más agua tibia, mientras mezclaba todo con una cuchara de madera. Luego la amasé sobre una tabla. La masa se sentía tibia y esta vez creció cuando la dejé en el bol por una hora. La aplané, le unté pasta de tomate, le puse queso por encima y la metí al horno. Hasta Mario dijo que la pizza tenía buen sabor.

Recuerdo que mientras amasaba pensé que este procedimiento había sido muy parecido al de armar y lanzar mi cohete Estes. Tanto en ciencias como en la cocina, se tienen que seguir instrucciones para juntar cosas y tienes que usar la temperatura correcta. Hacer un experimento de ciencias era como cocinar: si algo no había funcionado, se podía buscar la razón y volver a intentarlo. ¡Y si yo podía cocinar, podía hacer experimentos científicos!

Cuando por fin llegó mi insignia de Cocina, la cosí con orgullo a mi banda, junto a mi insignia de Ciencias.

Cuando gané mi insignia de Cocina, en el otoño del año en que cursaba sexto grado, yo no era la única en mi familia que pertenecía a una tropa de Girl Scouts. Mi mami había estado a cargo de la venta de galletas durante dos años y había visto cómo Girl Scouts había cambiado mi vida. También había cambiado la suya. "¿Por qué Laura no puede ingresar también a las Girl Scouts?", se preguntaba mi madre.

Todos sabíamos que Laura era diferente a los demás miembros de la familia; y ella también lo sabía. Quizás no recordaba cómo era su vida antes de que le diera meningitis, pero sabía que le costaba trabajo aprender. Con frecuencia se sentía frustrada cuando veía a otros niños aprendiendo el abecedario o haciendo cosas que para ella eran difíciles. Le encantaba dibujar, pero tenía problemas con su motricidad, por ejemplo, para insertar un popote en un vaso. Tan pronto comenzó primer grado en la Escuela Primaria Alameda, las maestras llamaron a mi mami a una reunión: Laura no podía avanzar a la par de sus compañeros.

Las maestras le recomendaron a mi mami que pusiera a Laura en una escuela para niños con problemas de aprendizaje en el otro extremo de Las Cruces. Laura estaba ahora en segundo grado en su nueva escuela, y estaba aprendiendo incluso el abecedario. Todos cuidábamos de que nadie se burlara de ella, pero a veces era inevitable. De todas maneras, Laura siempre estaba de buen humor y era cariñosa.

Mi mami decidió que había llegado la hora de que Laura ingresara a las Brownies, tal como yo lo había hecho. Decidió crear una tropa con niñas de la misma escuela de Laura, con necesidades especiales. Mi mami era la líder de la tropa y yo asistía a las reuniones para ayudar, cuando tenía tiempo.

Todas las niñas de la tropa de mi hermana estaban en su misma clase en la escuela. Algunas, como Martha y Tina, eran buenas amigas de Laura. Algunas niñas tenían síndrome de Down y otras discapacidades del desarrollo.

Mi mami tenía que asegurarse de darles a las niñas de la tropa de Laura más tiempo para hacer sus actividades y sus proyectos manuales del que nos habían dado a las niñas de mi tropa de Brownies. Muchas de estas niñas necesitaban ayuda adicional. Probablemente no lograron hacer tantas cosas como las que habíamos hecho nosotras, pero durante el primer año hicieron una excursión al parque y tejieron cojines, tal como lo hizo mi tropa.

Lo mejor de todo era que, cuando se ponía su uniforme de Brownie y luego el de Juniors y más adelante el de Cadette, Laura era una niña como cualquier otra. Era una Girl Scout, como lo fui yo antes que ella y como todas las otras niñas de las Girl Scouts que conocíamos. Hasta mi papá se daba cuenta de lo feliz que eso la hacía sentirse.

Una vez, después de que Laura voló a Cadettes, mi mami hizo algo por su tropa que hasta salió en el periódico. Todos los años, en algunos días feriados, tropas de Girl Scouts izaban la bandera en el edificio de adobe de los juzgados. "¿Por qué no puede también la tropa de Laura hacerlo?", se preguntó mi mami.

Presentó la petición ante los tribunales y ejerció presión para que la aprobaran. La gente de los juzgados se mostró escéptica. Las niñas de la tropa de Laura eran de la "otra" escuela. A veces se comportaban de manera extraña y, cuando lo hacían, los otros niños, y a veces también los adultos, se burlaban de ellas.

Sin embargo, mi mami insistió en que ellas podían hacerlo. Las entrenó como si fuera un ejercicio militar.

A Tina la eligieron para que llevara la bandera, lo cual enojó mucho a mi hermana. Ella quería que le concedieran el honor de llevar la bandera, pero mi madre no tenía favoritas. Laura dirigió el Juramento a la Bandera, con la mano sobre el pecho, llena de orgullo.

El día que izaron la bandera, las niñas de la tropa de mi hermana se presentaron muy bien vestidas, con los uniformes planchados e inmaculados. Marcharon en perfecta armonía sosteniendo la bandera en alto. Al llegar al edificio de los juzgados, izaron la bandera y todos los asistentes vitorearon. Fue uno de los días de mayor orgullo para Laura y para mi mami.

Ese día, al ver a mi hermana y sus amigas haciendo algo tan normal, comportándose como buenas ciudadanas, lloré de alegría. Ese día no eran las niñas especiales, las que no podían aprender al mismo ritmo que los demás. Eran Girl Scouts como cualquier otra, cumpliendo con sus deberes cívicos. Nunca he olvidado ese sentimiento.

Con el tiempo, pertenecer a las Girl Scouts se convirtió en algo positivo para las tres: i mami, Laura y yo. Cada una de nosotras aprendió nuevas destrezas, ganó seguridad y aprendió a involucrarse más con el mundo a nuestro alrededor. Como mi mami tenía que saber de cuentas bancarias para poder coordinar la venta de galletas, las líderes de mi tropa la ayudaron a aprender acerca del sistema bancario. Mi mami desarrolló autoconfianza, hasta el punto en que abrió su propia cuenta de ahorros. Mi papá se molestó mucho, pues en aquella época la mayoría de las mujeres casadas no tenían su propia cuenta.

Al final de mi etapa de Junior Girl Scout, mi banda lucía espléndida, con hileras de insignias de colores. Me sentía orgullosa de lo que cada insignia representaba, pues cada una significaba que yo había dominado una nueva destreza. Cada una me recordaba la comunidad a la cual pertenecía. Con solo mirar cada insignia podía traer a mi memoria las pláticas con mis líderes de tropa y con las otras niñas sobre las destrezas que estábamos aprendiendo. Ya fuera que se tratara de destrezas para la cocina o para la vida al aire libre, todas estábamos desarrollando confianza en nuestras propias habilidades.

Laura en su uniforme de Girl Scouts, 1972

CAPÍTULO 13

Planificar para sobrevivir

Cuando era pequeña, no podía entender cómo mi madre calculaba el tiempo. En la escuela, el día estaba dividido en bloques. A las 9:30, sabía que teníamos que cerrar los libros y estirarnos, sentados en nuestros pupitres. A las 12:15 almorzábamos, y después teníamos el recreo a las 12:45. Me gustaba apilar mis libros cuando sonaba el timbre y ponerme en la fila en el frente del salón a la misma hora todos los días.

En casa, sin embargo, el tiempo transcurría de diferente manera. Por ejemplo, mi mami decía "Vamos a la tienda". Tan pronto lo decía, llegaba una vecina y mi mami le ofrecía una taza de café y una rebanada de pastel.

Comenzaban a platicar acerca de la sobrina de alguien, que se iba a casar, y al cabo de una hora todavía no habíamos ido a la tienda. Entonces Armando, el bebé, se despertaba con hambre y, como no teníamos leche, mi mami simplemente se reía y nos enviaba a Mario o a mí a la tienda Piggly Wiggly a comprarla.

En la cultura de mis padres, la gente era la prioridad. Por eso, mi mami siempre prefería recibir la visita de una vecina o de un pariente a hacer una diligencia o a llegar puntual a cualquier lugar. Lo contrario sería una falta de cortesía con la gente.

A veces estas cosas me confundían. No sabía qué íbamos a hacer al fin. Íbamos a Chihuahua, México, a visitar a la familia de mi mami; pero cuando llegábamos, mi madre parecía no tener prisa.

—Ya los veremos más tarde —decía.

—¿Dónde? —yo siempre quería saber. Mi mami solo sacudía la cabeza.

—Ya verás —decía. Y luego repetía—: Ya los veremos.

Yo me quedaba perpleja.

Más tarde, mientras hacíamos compras en el centro o

disfrutábamos un agua de frutas en una cafetería, efectivamente aparecían algunas tías y unos cuantos primos. A todos se les iluminaba la cara al vernos y se apresuraban a saludarnos. Aparecían como por arte de magia, pensaba yo mientras me envolvían sus cálidos abrazos. Y me quedaba pasmada, pensando cómo sabía mi mami que eso iba a pasar.

Mis amigas de familias angloamericanas nunca tenían este tipo de experiencias. Sus padres siempre planeaban cuándo y dónde encontrarse con la gente. Me encantaba ver que mi mami les daba la bienvenida a todos en nuestra cotidianidad sin que se hubieran hecho planes. Me daba cuenta de lo mucho que ella valoraba a nuestros amigos y nuestras relaciones y lo mucho que ellos la querían por ser así. Yo sabía que eso tenía que ser parte de nuestra cultura. Pero también me daba cuenta de que el mundo de mi familia era muy diferente al mundo de mis compañeros de clase. No sabía por qué; simplemente así era.

En nuestros viajes anuales durante el verano para visitar a la madre de mi mami en Chihuahua, México, y en los viajes de mi papá a El Paso cada dos semanas para visitar al abuelito Mario, mi padre manejaba varios carros usados. Teníamos cada carro por un tiempo, quizás un año o dos, pero luego se averiaba. Entonces mi papá lo vendía y le compraba otro a algún vecino o pariente.

Cuando cumplí nueve años, mi papá ya estaba harto de tener carros que se averiaran.

—Son limones —decía—. Todos son limones.

Yo sabía que un "limón" era una máquina que no funcionaba bien, pero no veía qué relación tenía eso con la fruta. ¿Era un carro averiado algo ácido? ¿O algo muy jugoso? A veces oía a la gente llamar "jugo" a la gasolina, a pesar de que era un veneno.

Al poco tiempo de aquel comentario de mi papá, él y mi mami compraron un carro nuevo: un Pontiac LeMans de dos puertas. Era un cupé grande y hermoso de color aguamarina (como el océano) con un parachoques cromado enorme y elegante. Tenía asientos reclinables adelante, un espacioso asiento trasero y un poderoso motor V–8. No era muy práctico para una familia, pero mis padres se sentían muy orgullosos de tenerlo. Yo también me sentía orgullosa, y me alegraba ver a mis padres trabajar juntos para que pudiéramos tener un carro tan bonito.

Al comienzo, nuestro carro andaba con muchos bríos,

pero, con el tiempo, el motor comenzó a hacer ruidos y no aceleraba cuando íbamos por las autopistas. Cuando esto pasaba, mi papá pisaba varias veces el acelerador o metía un cambio y, al cabo de unos segundos, el carro volvía a coger fuerza. A mi papá no se le ocurría llevarlo a un taller para que lo revisaran, ni siquiera para que le cambiaran el aceite. Cuando nuestros carros se averiaban, siempre era un misterio y siempre sucedía con demasiada frecuencia, en los momentos más inconvenientes.

En el verano de 1968, cuando cumplí once años, ya llevábamos un par de años con el LeMans. Los asientos estaban un poco manchados y la pintura tenía algunos rayones, pero todavía lucía bastante bien, como los carros que salían en la televisión, no como nuestros otros cacharros.

Cuando comenzó la escuela ese agosto, todos en mi clase de sexto grado hablaban sobre los Juegos Olímpicos, que comenzaban en un mes en la Ciudad de México.

Mis padres se sentían muy orgullosos de que los Olímpicos se realizaran en México, y decidieron que debíamos ir. Un día, cuando regresé de la escuela, mi mami me dijo que viajaríamos a la mañana siguiente. ¡Faltaríamos a clases durante dos semanas y yo me perdería dos reuniones de Girl Scouts! Me di cuenta de lo importante que ese viaje era para mis padres, ya que nunca nos permitían faltar a clases, a menos que estuviéramos muy enfermos.

La Ciudad de México estaba a 1.200 millas de distancia. ¡Más lejos de lo que Las Cruces estaba de Dakota del Sur! Comenzaríamos haciendo un largo viaje por el desierto de Chihuahua para visitar a mi abuela y a otros parientes en Chihuahua, México. Luego continuaríamos rumbo a la Ciudad de México.

Como en nuestros anteriores viajes a México, hicimos las maletas la noche anterior. Al día siguiente era sábado y mi mami nos despertó antes del amanecer. Nos vestimos muy bien, ya que íbamos primero a visitar a la familia. Mario, Laura y yo nos sentamos atrás y mi papá se sentó al volante (él siempre era quien manejaba cuando viajaba toda la familia). Aunque tenía licencia, mi mami nunca manejaba cuando mi papá también iba en el carro. Ella se sentó adelante, con Armando en su regazo. En aquel tiempo, los bebés y los niños pequeños no solían ir en asientos especiales como ahora. Nuestro carro tenía cinturones de seguridad, pero no se usaban.

Esa mañana no desayunamos en la casa, sino que mi mami empacó los desayunos para el camino. Ella nunca nos dejaba comer en el carro.

En el asiento trasero, Mario, Laura y yo casi siempre nos peleábamos por no tener que sentarnos en el medio. Mario y yo jugábamos a contar placas de diferentes lugares y a Laura le gustaba mirar los carros que pasaban para ver si iban niños en el asiento trasero. Estábamos acostumbrados a hacer el viaje de cuarenta y cinco minutos a El Paso y sabíamos cómo era el viaje de seis horas a Chihuahua, pero yo me preguntaba cómo sería el largo viaje a la Ciudad de México.

Mi mami y mi papá se sentían orgullosos de asistir a los Juegos Olímpicos en el país de origen de sus familias, pero no habían planificado el viaje. A ninguno de los dos se le ocurrió comprar entradas, hacer reservaciones de hotel ni preparar el carro para un viaje de 2.500 millas (ida y vuelta), que en gran parte sería por el desierto.

De todos modos, nos emocionamos mucho cuando cruzamos la frontera y nos dieron una calcomanía que decía "Turista" para el carro, lo cual nos calificaba como visitantes en el país donde había nacido mi mami. Nos alejamos de

Juárez, la ciudad fronteriza, y tomamos la carretera que nos llevaría al desierto.

Primero nos dirigiríamos a la ciudad de Chihuahua, donde vivían mi abuela y algunas de las hermanas de mi madre. Pasaríamos por unos cuantos pueblos pequeños, pero gran parte del trayecto lo haríamos por pleno desierto. Mi madre había empacado algo de agua y algunas cosas para picar que nos habíamos comido en Juárez. Tenía planeado parar en alguno de los pueblitos para comprar queso y otras provisiones.

Muy pronto, dejamos atrás los últimos edificios de las afueras de Juárez. El paisaje se tornó principalmente plano, con apenas unos pocos barrancos y pequeñas colinas de vez en cuando. Vimos arbustos y cactus, y prácticamente ninguna otra señal de vida. Todos íbamos hundidos en nuestro asiento mientras Armando cabeceaba en los brazos de mi mami y Laura platicaba sobre un ave que revoloteaba sobre nosotros. Pasó una hora, y me quedé dormida.

De repente escuchamos un fuerte chillido que salía del motor. En el panel de instrumentos se prendieron varias luces rojas y mi papá rápidamente movió el carro a un costado de la carretera y se detuvo. Algo andaba muy mal. Mi padre abrió la capota y todos nos asomamos y vimos la correa del ventilador rota. Yo no sabía mucho sobre motores, pero me di cuenta de que había un problema.

Mientras mis padres hablaban sobre lo que íbamos a hacer, nos paramos junto al carro. Hacía mucho calor y había muy pocos carros o camiones en la carretera.

Yo sabía que mi papá no iba a poder arreglar el carro, ya que no era bueno con las manos. Y nadie en aquel tiempo esperaría que una mujer como mi mami supiera cómo funcionaba el motor de un carro. Además, no teníamos una correa de repuesto, ni herramientas.

Al cabo de un rato, Mario y yo nos aburrimos y nos pusimos a jugar en las dunas. Mi mami se molestó, porque vestíamos buena ropa. Sin embargo, pronto se dio por vencida, ya que no teníamos nada más que hacer en ese lugar.

Excepto por los cactus y otras plantas, el desierto se veía sin vida. Pero tan pronto hundí los pies y las manos en la arena caliente, vi un alacrán con su cola curvada sobre el lomo. Luego vimos un caminito dibujado sobre la arena, y nos dimos cuenta de que también teníamos que estar alerta por si aparecía una serpiente.

Al cabo de un rato, sentimos hambre y sed, pero no nos

quejamos. Había agua para Armando en su biberón, pero no había nada de beber para los demás, ya que habíamos planeado comprar bebidas en el camino. No podíamos hacer nada al respecto. Me limpié el sudor de las cejas mientras pensaba en mis viajes con las Girl Scouts, que siempre planificábamos con suficiente anticipación. Siempre llevábamos comida y agua.

En casa, mi mami suponía que mi padre se haría cargo de mantener el exterior de la casa, el pasto y el carro, tal como lo hacía Uncle Sam en casa de la tía Alma. Infortunadamente, eso no sucedía porque a mi papá no le interesaba el mantenimiento de una casa. En su tiempo libre, mi papá veía los noticieros de la televisión o leía o platicaba sobre política con mi hermano o con mi tío. No era útil en la casa.

Sin embargo, mi papá siempre daba por sentado que estaba a cargo de la familia. Pero aquel día en el desierto no pudo reparar el carro. No tenía una solución para nuestro problema y todos sabíamos que las cosas empeorarían si nos quedábamos en el mismo lugar.

Solo teníamos una alternativa: varados en el desierto, hambrientos y sedientos, comenzamos a caminar por la carretera sobre el asfalto caliente. Me preguntaba cómo íbamos a salir de este aprieto. No era la primera vez que se nos averiaba un carro, pero nunca nos había pasado tan lejos de casa. Yo sabía que esto hubiera podido evitarse.

No habíamos recorrido una gran distancia, pero ya nos sentíamos acalorados y cansados, cuando un autobús por fin apareció en la carretera. Mis padres agitaron los brazos con desesperación, y el autobús se detuvo.

Mis padres decidieron que mi papá regresaría a donde estaba el carro y esperaría a que alguien llegara a ayudarlo. Mi mami nos dijo que nos subiéramos al autobús y los pasajeros se movieron hacia atrás para que los cuatro nos pudiéramos acomodar. Algunos se compadecieron y nos ofrecieron algo para beber y comer.

Por suerte, el autobús se dirigía a Chihuahua. Esa misma noche llegamos a la casa de mi abuela. Mi padre llegó al día siguiente. Nos contó que una patrulla de carreteras había llegado y había reparado el carro.

A la mañana siguiente, mi papá llevó el LeMans a un mecánico del pueblo donde vivía mi abuela para que lo revisaran. La nueva correa del ventilador estaba funcionando bien. Habíamos tenido suerte porque el motor no se había alcanzado a dañar. ¡Estábamos listos para continuar el viaje a la Ciudad de México y a las Olimpiadas!

Manejamos durante todo el día sin contratiempos y pasamos la noche en un espléndido hotel antiguo en Zacatecas. Regresamos a la carretera y, llegando a la Ciudad de México, vimos colores y flores por todas partes. Más tarde nos enteramos de que el gobierno había repartido pinturas y flores para que la gente embelleciera sus casas y calles con el objetivo de que la ciudad mostrara su mejor cara en esos días en los que la atención del mundo entero estaba puesta en ella.

Mis padres dijeron que nos hospedaríamos en un hotel, pero cuando comenzaron a hablar del rumbo que debíamos tomar nos quedó claro que ninguno de ellos había hecho reservaciones. Mi mami pensaba que era responsabilidad de mi papá, pero él creía que no era necesario. Ahora nos enterábamos de que todos los hoteles de la ciudad estaban totalmente ocupados por las Olimpiadas. ¿Dónde íbamos a quedarnos?

Paramos en algunos hoteles del centro de la ciudad, pero la gente miraba a mi papá como si estuviera loco por tan solo preguntar si tenían habitaciones disponibles. Por suerte, en un hotel le dijeron que un huésped que había hecho una reservación venía retrasado. Podíamos quedarnos en su habitación, pero tendríamos que dejarla tan pronto el huésped llegara.

"Todo va a salir bien", pensé. Solo una vez me había hospedado antes en un hotel, en Phoenix, Arizona, así que me moría de ganas de ver nuestra habitación. En el vestíbulo, mientras esperábamos a que mi papá terminara de registrarnos, un hombre de tez muy oscura se quedó mirándonos. Me hizo una pregunta, y me pareció increíble que tuviera acento británico. Yo creía que todos los británicos tenían la tez clara, pero el hombre dijo que era de las islas Bermudas, ubicadas en el océano Atlántico, cerca de Carolina del Norte. Me dijo que se había quedado mirándonos porque le sorprendía que una familia de tez oscura como la mía hablara en inglés y no en español. Me regaló un broche esmaltado que habían hecho en las Bermudas especialmente para los Olímpicos.

Después de registrarnos y dejar el equipaje en nuestra habitación, salimos a caminar. ¡Había tanto para ver! En un parque cercano había una exposición sobre las Olimpiadas y comerciantes vendiendo todo tipo de cosas, iy unos cisnes nadando en un estanque! Hacía un tiempo espléndido, y toda la familia estaba feliz de haber llegado a nuestro destino.

Luego nos enteramos de que para entrar a los eventos de los Olímpicos había que comprar boletos. Mis padres no pensaron en esto antes de emprender el viaje y, ahora, los boletos para los encuentros y los juegos más populares estaban agotados. Mi papá solo pudo conseguir boletos para un deporte sobre el cual nunca antes habíamos oído hablar: polo acuático. Vimos a dos equipos de hombres, de Grecia y Yugoslavia, compitiendo en una enorme alberca para sumar puntos haciendo llegar una pelota a una meta.

Todo resultó ser muy emocionante, pero solo pudimos pasar dos noches en el hotel. No pudimos comprar más boletos para las Olimpiadas, pero fuimos a Xochimilco, donde hay unos famosos jardines flotantes, y al Museo Nacional de Antropología. Cuando regresamos al hotel la tercera noche, nos informaron que el huésped que había hecho la reservación original había llegado, así que teníamos que entregar la habitación.

La gente del hotel seguramente sintió pena por

nosotros, pues llamaron a otros hoteles y nos encontraron una habitación fuera de la ciudad, en un lugar administrado por monjas. Pasamos la noche en una habitación que estaba en un ático. Una monja nos dio la bienvenida con mucha amabilidad, pero la subida por las escaleras fue bastante incómoda.

A la mañana siguiente, mientras tomaban el café, mis padres hablaron de lo que debíamos hacer. Tendríamos que hacer un largo viaje a la Ciudad de México si queríamos ver más de las Olimpiadas; pero no había ninguna seguridad de que consiguiéramos boletos, aunque mi papá estuviera dispuesto a intentarlo de nuevo. Me di cuenta de que mi mami se sentía enojada y frustrada con él por no haber planificado el viaje. Yo sabía, sin embargo, que mi papá por naturaleza no era bueno para planificar; y mi mami también lo sabía.

Al final, en lugar de regresar a las Olimpiadas, manejamos hacia el oeste por carreteras montañosas llenas de bosques, pasamos una noche en Guadalajara y luego cruzamos de nuevo el desierto hasta llegar a Las Cruces. Esta vez, el carro no nos dio problemas.

Cuando regresé a la escuela luego de dos semanas de

ausencia, mis compañeros no podían creer que hubiéramos ido a Ciudad de México. Aunque les conté que no habíamos visto mucho de los Juegos Olímpicos en sí, se mostraron impresionados.

Lo pasamos muy bien en el viaje, aunque mis padres no lo hubieran planificado muy bien. Todo hubiera podido salir peor. No fue sino hasta que regresamos a casa que recordé otra ocasión, dos años atrás, en la que la falta de planificación casi termina en tragedia.

Una fría mañana de invierno, cuando yo tenía alrededor de nueve años, abrí los ojos y vi a mi madre sacudiéndome y tirándome del brazo mientras gritaba con desesperación: "¡Despiértate!". Me quedé mirándola confundida. Me dolía la cabeza y quería volver a dormirme. El sol estaba más brillante de lo que normalmente estaba cuando mi mami nos levantaba para ir a la escuela. Armando lloraba en los brazos de mi mami y Fito ladraba. Laura se agarraba de la falda de mi madre, presa de la preocupación.

Mi mami no me dejó volver a dormir. Me costaba caminar, así que mi madre me sacó de la casa a rastras y me hizo recostarme sobre el pasto húmedo de rocío. Laura se sentó a mi lado, y me di cuenta de que Mario ya estaba afuera, acostado en el pasto.

Tenía mareo y me dolía el estómago. Sentía palpitaciones en la cabeza, tenía escalofríos y lo único que quería hacer era volver a dormirme.

Mi mami regresó a la casa, con Armando todavía en sus brazos, y al cabo de un minuto vi que había abierto todas las ventanas de la casa, a pesar de que estábamos en pleno invierno.

Mi papá estaba trabajando y se había llevado el carro porque mi madre no se sentía bien. Ella dijo que no nos había levantado después de que mi papá se fue porque se había quedado dormida. Se había despertado mareada. Fito ladraba mientras le lamía la cara. Mi mami tenía dolor de estómago y vomitó ahí mismo en el piso de su cuarto. Sabía que algo andaba mal y fue entonces cuando decidió despertarnos.

Cualquiera que fuera el problema, no iba a permitir que Mario y yo faltáramos a la escuela. Al comienzo no nos dejó regresar a la casa. Entró ella sola y apagó la caldera de la calefacción. Regresó con nuestra ropa y nos hizo vestirnos en el porche. Luego nos llevó adentro para que desayunáramos rápido. Todavía me dolía el estómago, así que no quise comer. Mi mami llamó a mi papá al trabajo y, temblando y llorando, le contó lo que había pasado. Al rato, ya calmada, nos llevó caminando a la escuela.

La caminata me despejó la mente, pero todavía me sentía enferma y mareada. Me senté en mi pupitre, pero no lograba poner atención. Mi maestra me preguntó si me pasaba algo. Yo bajé la vista y no le respondí nada, y ella puso cara de verdadera preocupación.

—¿Sylvia, no te sientes bien? —me preguntó.

Sacudí la cabeza. Mi maestra me observó y luego me dejó tranquila. Al cabo de un rato comencé a sentirme mejor, y me quedé en la escuela el resto del día.

Cuando regresamos a casa, un señor estaba reparando la caldera de la calefacción.

—¿Cuándo fue la última vez que cambió el filtro de la caldera? —le preguntó a mi mami.

Mi madre sacudió la cabeza. No tenía ni idea. El hombre le explicó que si no se cambiaba el filtro periódicamente un gas llamado monóxido de carbono se iba acumulando dentro de la casa. Era un gas venenoso que podía causar la muerte si se respiraba durante mucho tiempo. Fue eso lo que nos hizo sentir enfermos todo el día. Si Fito no hubiera despertado a mi mami, podíamos haber muerto.

Al día siguiente ya nos sentimos bien, y no volvimos a pensar en el incidente por mucho tiempo.

Sin embargo, cuando regresamos de México, con el episodio del carro averiado fresco en mi memoria, recuerdo haber pensado que no deberíamos vivir de esa manera. Recordé el problema con la caldera de la calefacción y comprendí por qué otra gente, como los hombres que repararon el carro y la caldera, habían mirado con lástima a mis padres, por no saber qué hacer. Para ellos era claro que para vivir sin enfermarse o sin quedarse varado en medio del desierto había que planificar y hacerles mantenimiento a la casa, al carro y a todas las propiedades.

En las actividades de Girl Scouts había aprendido repetidamente que uno podía lograr lo que se propusiera si planificaba con anticipación y hacía las cosas bien hechas. En nuestras reuniones de tropa a veces platicábamos sobre la universidad, y yo ya sabía que ir a la universidad costaba dinero, mucho dinero. Mi mami me ayudó a abrir mi cuenta de ahorros, pero nunca me recordaba que le añadiera dinero. Por decisión propia, comencé a usar esa cuenta para ahorrar, pues sabía que iba a tener que pagarme la universidad yo misma.

Ahora me daba cuenta de que yo iba a tener que ser quien se hiciera cargo de planificar para que mi familia no volviera a quedarse varada en el desierto o enfermarse a causa de un filtro sucio. De la misma manera como vendía galletas de Girl Scout para crear la oportunidad de vivir aventuras, podía planificar para mantener a mi familia a salvo. Por ahora, estaba en sexto grado en la Escuela Primaria Alameda. Iba a tomarme un tiempo aprender a hacerlo.

Cuando estaba pequeña, mi papá a veces perdía el control y nos pegaba cuando nos portábamos mal. Yo nunca sentí que lo mereciera, por supuesto, pero sabía muy bien que no debía discutir con él cuando se enojaba. Laura era la única de nosotros a quien nunca le pegaban. Mi papá siempre era tierno con ella, incluso cuando hacía algo que le molestaba.

En un par de ocasiones, mientras discutían, oí a mi papá golpear a mi mami. Mario y yo nos quedábamos en el pasillo, sollozando mientras escuchábamos la pelea, sin saber qué hacer. Un día, aturdidos por la desesperación y la vergüenza, caminamos varias millas hasta la casa de Uncle Sam, al otro lado del pueblo. Mi tía Alma nos recibió y nos acostó a dormir, y al día siguiente mi mami fue a recogernos. Nunca nos dijeron nada sobre lo que había pasado. En aquellos tiempos, la violencia doméstica se consideraba un asunto privado de la familia, y era muy raro que otros intervinieran.

Después de nuestro viaje a la Ciudad de México, mi papá comenzó a trabajar tiempo extra. Decía que tenía que reponer los días libres que se había tomado para llevarnos de vacaciones. Él y mi mami se peleaban con frecuencia, por el viaje, por las labores que ella quería que él hiciera en casa y, sobre todo, por dinero.

Sin embargo, yo no pensaba mucho en todas estas cosas. Me sentía emocionada porque estaba por terminar la primaria. Al final de sexto, me graduaría y pasaría a lo que en mi pueblo llamábamos *"junior high school"*, una escuela secundaria para séptimo, octavo y noveno. Además, así como había "volado" de las Brownies a las Juniors, ahora iba a "cruzar el puente" desde las Juniors hasta las Cadettes. Las niñas más grandes del manual de las Cadettes se veían muy adultas y atractivas.

En sexto grado, mi equipo de boliche se reunía los sábados por la mañana. Un día, al regresar de mi práctica de boliche, encontré a mi mami llorando. Estaba despeinada y caminaba de un lado a otro en la cocina.

Me dijo que ella y mi papá habían tenido una pelea muy fuerte y que él la había vuelto a golpear. Dijo que iba a dejar a mi padre y a llevarnos con ella. Nos mudaríamos a California, donde en aquel tiempo vivía la tía Angélica.

Me di cuenta de que mi papá no estaba en casa; lo cual no era raro, ya que era sábado. Mario tampoco estaba. Mi mami me pidió que la ayudara a alistar las cosas para irnos. Insistió en que teníamos que empacar inmediatamente. Yo no podía asimilar lo que me estaba diciendo. Era demasiado. En lugar de ayudarla, salí de la casa corriendo.

En la calle vi a un grupo de niños del vecindario jugando *kickball*. Corrí hacia ellos y les pregunté si podía jugar. Pero antes de que pudiera tomar mi lugar en el juego, mi mami llegó y me jaló hacia un costado. Todavía llorando y con la voz temblorosa, me suplicó que la ayudara.

Yo no podía hacerlo. Amaba a mi madre, pero me sentía abrumada. Sabía que mi papá tenía muy mal carácter y que la pelea esta vez tenía que haber sido terrible. Nunca antes había visto a mi mami tan consternada.

La bicicleta de Mario estaba tirada sobre el pasto, frente a la casa. La tomé por los manubrios, me subí y salí disparada mientras mi mami me seguía, llamándome.

Llegué a la escuela y di varias vueltas por el estacionamiento y el parque de juegos. Luego me dirigí hacia el centro. No había almorzado, pero no tenía hambre. No sé por cuánto tiempo estuve dando vueltas en la bicicleta. Pasé por calles, parques e iglesias sin darme cuenta por dónde iba.

Al final, sin pensar lo que estaba haciendo, estacioné la bicicleta en la puerta de la biblioteca. Fui a la sección infantil, tomé libros que ya había leído y me puse a pasar páginas, sin leer. Todavía estaba conmocionada.

No sé cuánto tiempo pasó. De repente, escuché mi nombre y vi a la bibliotecaria parada junto a mí.

—La biblioteca va a cerrar, Sylvia —me dijo con amabilidad—. Ya tienes que irte a casa.

Me preguntó si quería llevarme algunos libros; yo solo sacudí la cabeza. No tenía energía para hablar. Encontré la bicicleta de Mario donde la había dejado. Me di cuenta de que ya era el final de la tarde y estaba más fresco ahora que el sol se estaba ocultando.

Me fui a casa pedaleando despacio, tomándome mi tiempo por las calles del vecindario hasta llegar a Kay Lane. El carro estaba estacionado en la entrada y eso quería decir que mi papá estaba en casa. Desde afuera se veían las cálidas luces amarillas que me eran familiares.

Empujé la bicicleta por la puerta lateral que daba hacia el patio. A través de la puerta trasera pude ver que mi papá estaba adentro, y no me pareció que estuvieran discutiendo ni peleando. Caminé hasta la puerta del frente, entré sigilosa y me escabullí por el pasillo hasta mi cuarto.

Al instante, mi mami me siguió, entró y cerró la puerta a sus espaldas. Dijo que le había dicho a mi papá que si la golpeaba una vez más lo dejaría y nos llevaría a todos con ella. Su voz sonaba calmada, pero las lágrimas le rodaban por las mejillas. Se disculpó conmigo y me pidió perdón.

Me dolía verla tan mal.

—No llores —le dije.

Mi mami se secó las lágrimas y su voz se tornó muy

seria. Reconocí el mismo tono de años atrás, cuando le anunció a mi papá que iba a sacar la licencia de manejar.

—Si me vuelve a pegar, me marcho —repitió. Luego me preguntó, en un tono más normal, si tenía hambre.

Yo sacudí la cabeza. No quería salir de mi cuarto. No quería ver a mi papá ni a Mario ni a Laura; ni siquiera a Armando. Quería que mi mami se fuera. Ella, como si hubiera leído mi mente, salió de mi cuarto en silencio. Laura entró al rato con su muñeca, queriendo que jugara con ella, pero la ignoré, haciéndome la dormida.

Estaba consternada. Solo quería que ese día se terminara. Sin embargo, pasó un buen tiempo antes de que pudiera volver a sentirme cómoda cerca de mi papá o incluso de mi mami. Tenía que seguir obedeciéndoles, pero sentía que con esas peleas mis padres se estaban comportando como niños. Pero eso no era todo: sentía que mi familia se estaba abriendo en dos direcciones, y no estaba segura por cuál debía ir yo.

Mario, Laura, Mami, Armando, y yo

CAPÍTULO 14

Cambios en la escuela y en la casa

Después de la pelea de mis padres, las cosas estaban bien en apariencia, pero en el fondo todos estábamos teniendo dificultades. Mi papá se seguía esforzando en su trabajo y ahora traía a casa gruesas carpetas de papel manila llenas de papeles. En la noche, en lugar de prender la televisión o entregarse a la lectura de un libro, iba a mi habitación y desplegaba sus papeles por todo mi escritorio. Si lo hacía en la mesa del comedor, mi mami lo haría recoger todo a la hora de servir la cena. En el verano del año en que terminé sexto grado, como yo no necesitaba mi escritorio para hacer tareas, mi papá dejaba allí sus papeles.

Escuchando las conversaciones de los mayores me enteré poco a poco de que mi papá se estaba preparando para llevar a juicio al gobierno de Estados Unidos. Lo habían ignorado para un ascenso en el Campo de Misiles de White Sands, donde trabajaba desde que yo era pequeña, y había estado expuesto a químicos peligrosos sin la debida protección. Él estaba convencido de que esas cosas habían sucedido, en parte, a causa de sus raíces mexicanas. Ahora se estaba preparando para la demanda. Mi papá no hubiera tomado esa decisión solo. Uncle Sam, que también trabajaba en el Campo de Misiles, lo había animado a hacerlo. Y, a pesar de sus diferencias, mi mami también lo estaba apoyando.

Sin embargo, la demanda de mi papá se iba a demorar un buen tiempo. Mientras tanto, ese verano sucedió algo emocionante para todos, tanto adultos como niños.

Una tarde de julio, todos (mi papá, mi mami, Mario, Laura, el pequeño Armando y yo) nos sentamos frente a nuestro nuevo televisor a color a ver a un astronauta que, muy lejos de allí, descendía por una escalera desde una pequeña cápsula espacial hasta la superficie de la Luna.

"Esto es un pequeño paso para el hombre", dijo Neil Armstrong, el primer humano que caminaba en la Luna, "un enorme salto para la humanidad".

"Y también podría ser un pequeño paso para una mujer", pensaba yo. Y me vi a mí misma en el futuro trabajando con astronautas y con cohetes espaciales. Quizás podría llegar a ser una de esas personas que recitan el conteo regresivo en los lanzamientos de los cohetes, tal como había hecho con mi cohete Estes.

A los pocos días del primer alunizaje, en agosto de 1969, comencé séptimo grado en la Escuela Secundaria Alameda. Esa sería mi escuela hasta noveno, y luego comenzaría la preparatoria en décimo grado.

Esa primavera, había "cruzado el puente" desde Junior Girl Scouts hasta Cadettes. Sin embargo, cuando comencé séptimo grado, para mi sorpresa, dejé de estar tan involucrada como antes en las actividades de Girl Scouts. No teníamos una líder de tropa que nos ayudara a planear actividades y tenía que dedicar más tiempo al trabajo escolar. También tenía nuevos intereses, como la banda y el baloncesto. Además, tenía nuevas amistades.

La mayoría de mis nuevas amigas estaban en la banda de la escuela. Yo había comenzado a tocar los tambores. Todos los días nos reuníamos frente al salón de la banda antes de las clases. Cynthia tocaba el corno francés. Lyn tocaba el clarinete y la guitarra, y le encantaba cantar. Terry también tocaba el clarinete y Vicki, el saxofón.

Me encantaba ser parte de este grupo de amigas, aunque no las viera mucho fuera de la escuela. La mayoría vivía en otro barrio, muy lejos para ir a visitarlas en bicicleta durante el año escolar. También tenía otras amigas: Charmagne y Kathy, que estaban en clases avanzadas con nosotras, pero no estaban en la banda. Además estaban Phyllis y Cindy, otras amigas que vivían en mi barrio.

Yo no me detenía mucho a pensar en el hecho de que todas estas niñas fueran angloamericanas. Una de ellas tenía un abuelo mexicano, pero sus familias no eran de origen mexicano como la mía. Sin embargo, la mayoría estaban en clases avanzadas conmigo y eso me impulsaba a dar lo mejor de mí misma.

Terry y Cynthia vivían en la misma calle. Los padres de Terry estaban divorciados y su papá se hizo cargo de ella y de su hermano. Cynthia tenía cuatro hermanos. Era mormona y solía estar ocupada en actividades de su iglesia. Ella y yo éramos muy competitivas y nos gustaban los deportes y cualquier situación en la que pudiéramos competir. Lyn vivía en otro vecindario. Tenía dos hermanos, y sus padres siempre los presionaban, a ella y a sus hermanos, para que sobresalieran en la escuela.

A Vicki no le gustaba la escuela tanto como al resto de nosotras, pero era divertida y su familia tenía un caballo. Sus padres eran mayores y le enseñaron a manejar cuando entró a la secundaria, antes de que tuviera edad para sacar la licencia de manejar. Cuando íbamos a su casa, tres o cuatro de nosotras nos apiñábamos en su pequeño Opel GT, y Vicki nos llevaba a dar una vuelta. Vicki y yo hablábamos por teléfono más de lo que lo hacíamos con nuestras otras amigas. Sin embargo, en algunos aspectos, yo era más cercana a Cynthia y a Lyn. A veces extrañaba ser una Girl Scout, pero me encantaba tener un grupo tan grande de amigas.

A pesar de ya no ser parte de una tropa de Girl Scouts, todavía atesoraba la seguridad que había desarrollado durante mis años de Girl Scout. Esa seguridad, sin embargo, me metió en problemas al poco tiempo de haber entrado a mi nueva escuela.

En la secundaria, se esperaba que todas las niñas tomaran una clase que se llamaba economía del hogar, donde aprendían a cocinar y a coser. Cuando vi esta clase en mi horario, me negué a asistir.

Yo no era del tipo de estudiante que solía desobedecer a los maestros. A mí misma me sorprendía mi acto de rebeldía. El problema no era tener que cocinar. Después de todo, había obtenido mi insignia de Cocina de Girl Scouts con mi pizza casera. Y aunque coser no me gustaba tanto como a mi mami, ella me había enseñado lo básico y no me parecía difícil. Ni siquiera sabía por qué no quería asistir a la clase de economía del hogar. Sencillamente, no quería. El solo pensar en esa clase me daba dolor de estómago. Por ello, cuando sonó el timbre el primer día de clases y todas las niñas se alejaron por el pasillo rumbo a la clase de economía del hogar, mientras los niños se dirigían al taller (donde aprenderían a usar herramientas), yo me quedé sentada en mi pupitre y saqué un libro.

—¿Sylvia? —levanté la vista y vi a mi maestra de pie, frente a mi—. ¿No se supone que deberías estar en clase?

—No voy a ir —le dije. Estaba temblando un poco por dentro, pero miré a mi maestra a los ojos y mantuve la voz firme. Tenía miedo, pero no tenía la intención de echarme para atrás, y mi maestra se dio cuenta.

No era normal que un estudiante se rehusara a asistir a una clase, especialmente una buena estudiante como yo. Dos años atrás, cuando Mario entró a séptimo, había una norma según la cual todos los niños tenían que tomar la clase de taller mientras que todas las niñas tenían que tomar la de economía del hogar. En aquellos días me hubieran obligado a tomar la clase; pero ahora estábamos en 1969 y los tiempos estaban cambiando. Cada vez más mujeres iban a la universidad. Algunas mujeres, como mi mami, estaban abriendo su propia cuenta bancaria. Algunas comenzaban a trabajar fuera del hogar, en oficinas y en lugares donde en el pasado solo habían trabajado hombres. En algunas escuelas, las clases de economía del hogar y de taller ya no eran obligatorias. Pero, donde lo eran, solo los niños podían tomar la clase de taller y solo las niñas podían tomar la de economía del hogar.

El día que me negué a asistir a esa clase, mi maestra trató de convencerme para que lo intentara. La maestra de economía del hogar era una señora delgada que explicó de manera escueta que confeccionaríamos delantales con cintas decorativas de colores en los bordes. Les dio a las niñas las instrucciones detalladas y me di cuenta de que conocía muy bien su materia.

Mis amigas se alegraron de verme llegar a la clase, ¡pero yo no quería hacer ese delantal! Para mí, representaba un futuro en el que cocinaría para mi familia en lugar de tener un empleo, y odié la idea, aunque no estaba completamente segura por qué.

Ese día, cuando terminaron las clases, fui a ver al director de la escuela para decirle que no quería tomar esa materia. Él intentó convencerme de que la tomara, pero al final me dio un papel que llamó "renuncia". Si mi papá me lo firmaba, no tendría que asistir a la clase de economía del hogar.

Esa noche les dije a mis padres que no quería tomar esa clase. A mi mami no le importó: ella ya me había enseñado gran parte de lo que aprendería en economía del hogar.

Al principio, mi papá se rehusó a firmar la renuncia. Dijo que aunque yo ya supiera cocinar y coser, yo era una niña y como tal me correspondía tomar esa clase.

Unos años atrás, yo no hubiera contradicho a mi papá.

Podía no haber estado de acuerdo con él, pero habría admitido que él sabía mejor que yo lo que me convenía. Pero ahora, me negaba a ir todos los días a una clase que me prepararía para ser ama de casa. Yo iba a asistir a la universidad y necesitaba aprender otras cosas que no fueran cocinar y coser. Así mismo se lo dije a mi padre.

Mi mami estaba de acuerdo conmigo y convenció a mi papá de que yo tenía razón. A él no le gustaba mucho la idea de que las dos estuviéramos en su contra, pero de todos modos firmó el papel. Creo que al final se cansó de discutir con nosotras. Cualquiera que haya sido la razón, obtuve el permiso para faltar a esa clase.

En lugar de economía del hogar, me dieron una clase de matemáticas adicional. Mis amigas no podían creer que hubiera preferido aprender más matemáticas, especialmente álgebra, en lugar de tomar una clase donde aprendería a coser y cocinar. Eran inteligentes, pero les gustaba la idea de tomarse un descanso de las clases avanzadas. Yo, en cambio, estaba más contenta con mi clase adicional de matemáticas, y nunca me arrepentí de haberlo hecho así.

Unos años después, cuando yo ya estaba en la universidad, tanto los niños como las niñas de mi secundaria tenían la libertad de elegir entre la clase de taller y la de economía del hogar. Mi hermano Armando tomó economía del hogar. Le gustaba coser y heredó la habilidad de mi mami para las manualidades. Disfrutó mucho esa clase.

La conversación con mis padres sobre la clase de economía del hogar tuvo lugar durante una época de dificultades con mi papá.

Después de aquella gran pelea entre mis padres del año anterior, yo le perdí todo el respeto a mi padre por un tiempo. Estaba tan enojada con él que dejé de llamarlo "señor".

Mi papá no había olvidado sus años en el Ejército de Estados Unidos, y le gustaba que los niños le contestáramos "sí, señor" cuando nos hablaba. Los padres en nuestra cultura tradicional podían llegar a ser muy estrictos, y mi papá lo era; pero yo también me había dado cuenta en el pasado de que nos amaba. Ahora, sin embargo, yo no podía respetarlo, y eso nos ponía en una gran guerra de poder. Cuando mi papá se sentía presionado, perdía los estribos;

excepto con Laura, a quien él siempre trataba con suavidad. No decirle "señor" era presionarlo.

Por un tiempo, yo llegué incluso a comer en el mesón de la cocina con tal de no sentarme junto a él en el comedor. Durante la cena de los domingos, cuando todos comíamos juntos, yo me sentaba aparte porque no quería concederle ese gesto de respeto. Él intentó obligarme a sentarme en la mesa con la familia, especialmente aquellos domingos en los que su madre venía a cenar con nosotros. Yo me negaba y mi madre le decía que me dejara en paz. A veces me sentaba con ellos cuando mi papá y Mario platicaban sobre temas políticos o militares, o sobre el viaje a la Luna; pero la mayoría de las veces evitaba tener que interactuar con él.

Esta situación llegó a su punto crítico cuando yo estaba en séptimo grado, un día en que Armando, que era un niño de cuatro años activo e inquieto, hizo algo que molestó a mi padre. Todos sabíamos identificar el momento exacto en el que mi papá iba a perder los estribos, y ese día, efectivamente, levantó su mano, listo para el golpe. Armando se encogió de miedo y las lágrimas comenzaron a rodarle por las mejillas a pesar de que mi papá todavía no lo había tocado. Yo corrí y me planté entre mi padre y mi hermanito. Me quedé ahí parada, tensa, esperando que mi papá me pegara a mí.

De repente, para mi sorpresa, Mario también se metió, empujando a Armando suavemente para atrás y enfrentando a mi papá, junto a mí. Todos nos quedamos congelados.

Lo que sucedió después fue algo que yo de ninguna manera hubiera podido predecir: mi papá se echó para atrás, se dio la vuelta y, evitando nuestra mirada, salió de la habitación. Nadie lo siguió, y un minuto después yo me retiré a mi cuarto. No quería hablar con nadie, ni siquiera con mi mami.

Después de aquel episodio, mi padre nunca volvió a golpear a Armando. Y yo aprendí que, por mucho que Mario y yo compitiéramos, había ocasiones en las que mi hermano mayor podía ser mi aliado.

Y yo necesitaba a Mario, pues mi papá y yo, durante un buen tiempo, nos sacábamos de quicio mutuamente. Chocábamos a menudo, ya que yo continué ignorando sus consejos y sus órdenes y lo desafiaba cada vez que podía. Con frecuencia, me encerraba en mi cuarto, pues me daba cuenta de que mi mami no podía ayudarme mucho con mi padre; y me tendía en la cama y me concentraba en mis tareas. Descubrí que el enfocarme en problemas de matemáticas me calmaba después de esos enfrentamientos para poder conciliar el sueño. Mi vida se había vuelto agitada desde que comencé la secundaria y no parecía que esa situación fuera a cambiar pronto.

Yo y Armando, 1970

CAPÍTULO 15

Canastas, rabietas, canchas y carros

M e encantaba la escuela por muchas razones, pero si tuviera que elegir una, sería el baloncesto. Siempre me había encantado corretear y este era un deporte en el que, definitivamente, podía hacerlo.

En la escuela primaria, tan pronto nos dejaban salir de la cafetería al patio de recreo, yo iba corriendo a la caja en la que se guardaba el equipo deportivo. Cuando el maestro encargado le quitaba el candado a la caja, yo me apresuraba a agarrar una pelota de baloncesto antes de que los niños las tomaran todas, y corría hacia las dos canchas de asfalto que había en la escuela.

Corría de un lado a otro, junto a los niños, practicando

dribles, tratando de atrapar la pelota en un rebote y haciendo dejaditas. Yo era una de las pocas niñas que podía jugar a la misma altura que ellos, y muy pronto me di cuenta de que los niños esperaban que mis lanzamientos fueran "estilo abuelita", es decir, con ambas manos y desde una altura por debajo de los hombros. ¡Yo jamás hacía eso!

Cuando jugaba baloncesto, no me importaba acalorarme ni sudar, ni que las trenzas se me aflojaran y las calcetas se me bajaran. En la clase de educación física en la escuela primaria, jugábamos *kickball* o *Horse*, no partidos de baloncesto.

A veces, al terminar el recreo, mi maestra me mandaba al baño de niñas a lavarme la cara y las manos. Por muy sudorosos que estuvieran, a los niños nunca los mandaba a limpiarse. A mí no me importaba. Siempre que teníamos el recreo al aire libre, yo quería jugar baloncesto.

Los fines de semana, iba en bicicleta hasta la escuela con la esperanza de ver a algún compañero de mi clase jugando baloncesto, para ponerme a jugar con él.

Los únicos días en los que no jugaba baloncesto a la hora del recreo era cuando teníamos reunión de Girl Scouts después de las clases. Quería que mi uniforme estuviera impecable. Esos días, pasaba el recreo con las niñas de mi tropa, platicando o a veces saltando la cuerda o jugando rayuela.

En casa, mi mami era la que nos compraba los regalos, y siempre trataba de darnos para Navidad lo que queríamos, siempre y cuando ella y mi papá pudieran costearlo. El año en que yo cursaba sexto grado, lo que yo deseaba más que cualquier otra cosa era una pelota de baloncesto con el tablero y la canasta. A medida que se iba acercando la Navidad, vi aparecer varios regalos bajo el árbol, pero ningún paquete tenía la forma de una pelota ni de un tablero con canasta.

Eso, sin embargo, no me preocupaba. Mis padres solían esconder los regalos más grandes hasta la víspera de la Navidad, ya que Laura y Armando creían en Santa Claus. Yo estaba segura de saber lo que iba a haber para mí debajo del árbol cuando llegara el día.

En la mañana de Navidad, mis hermanos y yo corrimos muy temprano al árbol. Había carritos Hot Wheels para

Armando, ropa y muñecas para Laura y aeromodelos para Mario. Para mí solo había cajas planas y rectangulares.

Abrí lentamente la caja más grande y lo que había dentro era una chamarra verde de invierno estilo esquí. En otras circunstancias, me hubiera encantado.

No pude evitar que mi mami notara mi desilusión. Éramos una familia de seis y vivíamos modestamente. Sabía que mi siguiente oportunidad para que me compraran una pelota de baloncesto sería hasta agosto, para mi cumpleaños. Me gustaba la chamarra, y mucho, pero para agosto faltaban ocho largos meses.

Efectivamente, en mi siguiente cumpleaños, antes de entrar a la secundaria, recibí una pelota de baloncesto. Esa noche, en mi puesto de la mesa del comedor, había una caja cuadrada envuelta en papel de regalo, que solo podía ser una pelota. La abrí y miré por todos lados. Ese era mi único regalo. Mi mami sabía que yo tenía muchas ganas de tener mi propia pelota, pero no había entendido que una pelota de baloncesto sin un tablero y una canasta era un regalo incompleto.

Quedé un poco desilusionada, pero entendí que no teníamos mucho dinero, así que puse el tablero y la canasta en mi lista de Navidad. Mientras tanto, los fines de semana, me iba en bicicleta hasta las canchas de la escuela, controlando el manubrio con una mano y sosteniendo la pelota bajo mi otro brazo, apretándola contra mi cuerpo. En secundaria no teníamos recreo. Las niñas jugábamos baloncesto en la clase de educación física, pero teníamos reglas especiales que solo nos permitían a las niñas correr y driblar unos cuantos pasos con la pelota. Así, el baloncesto me resultaba mucho menos emocionante.

Sin embargo, me encantaba tener mi propia pelota. La cuidaba mucho. La limpiaba cada vez que la usaba e incluso la llegué a lavar con jabón varias veces para que se viera como nueva. Conté los meses y luego las semanas y los días hasta la Navidad.

Por fin llegó la Navidad. Esta vez, había una canasta de baloncesto para mí debajo del árbol. Sin embargo, una vez más, mi regalo no era lo que yo esperaba. Tenía mi canasta, con su aro y su red, pero nada más. A nadie se le había ocurrido comprar el tablero.

Ese mismo día, acosé a mi papá para que instalara la canasta en el tejado de la cochera. Mi papá no era bueno con las herramientas, así que el aro quedó chueco. Los tiros que no pasaban por el aro terminaban dentro de la cochera o en el patio. Muy pronto me di cuenta de que en realidad necesitaba un tablero.

Esta vez no pensaba esperar hasta mi próximo cumpleaños, en agosto. Lo que hice fue ir a la biblioteca e investigar cuál era el tamaño reglamentario de un tablero de baloncesto. Después, saqué dinero de mi cuenta de ahorros y fui a una ferretería del barrio.

Yo había estado antes en una ferretería, pero nunca había ido sola, y me pareció que el dependiente no estaba acostumbrado a ver niñas solas en la tienda. Sin embargo, me escuchó con atención mientras le expliqué lo que quería. Le entregué un papel donde había copiado las medidas exactas del tablero, y él cortó una pieza de madera contrachapada de ese mismo tamaño. También compré pintura blanca y una brocha. Cuando llegué a casa, pinté la tabla. Le pedí a Mario que me diera un poco de la pintura negra que usaba en sus modelos para pintar el rectángulo que va en el tablero, encima del aro.

Mario me dio pintura, pero cuando llegó la hora de instalar el tablero me dijo que no podía ayudarme porque estaba muy ocupado. Por suerte, unos amigos de Mario llegaron y me ayudaron a poner la canasta y el tablero en el tejado de la cochera a la altura correcta. Cuando terminamos, ¡por fin tenía mi propia cancha de baloncesto!

Ahora podía pasarme horas en la entrada de la casa practicando tiros y dribles y jugando *Horse* todo el tiempo que quisiera. Una vez, mi mami salió y me pidió que le mostrara cómo driblar, pero no logró hacer rebotar la pelota como debe ser. Mi papá nunca tocó la pelota y Mario tampoco estaba interesado, así que practiqué mis destrezas sola.

El mejor tiro que se podía hacer en mi cancha era una dejadita. Establecí una regla para los domingos por la tarde: no regresaría a la casa hasta no haber hecho cien dejaditas. Trataba de alcanzar mi meta a tiempo para ver *Mutual of Omaha's Wild Kingdom* y *The Wonderful World of Disney*. En aquel tiempo, los programas de televisión se pasaban a una hora específica y normalmente una sola vez, así que si no veía un programa ya no tenía la oportunidad de volverlo a ver. Sin embargo, yo era muy estricta conmigo misma, ¡y me tomé muy en serio mi práctica de dejaditas!

En nuestro pueblo no había equipos de baloncesto para niñas. A veces, participaba en torneos de todo un día en los que las niñas podíamos armar equipos y jugar contra otras niñas. Seguíamos unas reglas especiales, como se hacía en la clase de educación física. Sin embargo, a mí no me importaban las limitaciones. Con todo y eso, me encantaba jugar baloncesto. Durante años jugué todos los fines de semana con niños del vecindario que seguían las reglas "normales", aunque con frecuencia debatíamos cómo eran las reglas en realidad. Con la práctica, me volví muy buena para hacer dejaditas y no me molestaba mucho no tener un equipo ni saber que podría no llegar a tener la oportunidad de mostrar mis destrezas. Creía que eso era parte de lo que implicaba ser una niña en aquel entonces.

Mientras yo me pasaba horas en la cancha de baloncesto, mi papá estaba en las últimas etapas de su demanda contra el gobierno de Estados Unidos. Se pasaba horas estudiando minuciosamente sus papeles para prepararse para el juicio. Todo esto le generaba mucho estrés y hacía que nuestros enfrentamientos fueran más difíciles. Yo intentaba mantenerme alejada de mi papá, pero eso no siempre era posible.

Una noche, mi papá y yo chocamos como nunca antes.

Hasta entonces, me había ido bien en todas las clases, pero, en octavo, mi calificación de la clase de inglés avanzado bajó. Mis otras calificaciones estaban bien, pero no me gustaba mi maestra de inglés y tampoco me gustaba la clase en absoluto. Infortunadamente no fui capaz de esconder mis sentimientos.

Mi maestra puso una nota sobre mi actitud en mi boletín de calificaciones. Normalmente era mi mami y no mi papá quien hablaba con nuestros maestros cuando había algún problema. Esta vez, sin embargo, mi padre llamó a la escuela y pidió hablar con mi maestra de inglés.

Esa noche, durante la cena, me preguntó qué estaba pasando con esa clase.

—No mucho —dije.

Mi respuesta no le agradó y me dijo que tenía que mejorar mi calificación a partir de ese mismo instante.

—Sí —respondí, pero no sonó como si de veras estuviera empeñada en lograrlo.

—Sí, señor —mi papá me recordó la manera respetuosa de responderle.

Si hubiera sido más pequeña cuando esto pasó, antes de la pelea por Armando de un año atrás, hubiera dicho "Sí, señor" y ahí habría terminado la discusión. Pero llevaba mucho tiempo enojada con mi papá y él se molestaba conmigo muy fácilmente.

—Sí —repetí.

—Sí, señor —gritó mi papá, y levantó la mano y me dio una bofetada.

Yo me levanté de la mesa y corrí por el pasillo. Mi papá corrió detrás de mí. Cuando me atrapó, lo golpeé sin pensar, solo tratando de protegerme. Luego corrí a mi cuarto y tiré la puerta. Él la empujó y por la puerta entreabierta se coló Laura, llorando. Yo empujé la puerta con todas mis fuerzas, luchando por cerrarla.

Al final mi papá abrió la puerta de un empujón y entró como un vendaval. Tenía una mirada de rabia que jamás olvidaré. Se quitó el cinturón y me golpeó una vez, y otra vez. Yo me acurruqué en la cama y él continuó golpeándome una y otra vez mientras Laura le rogaba entre sollozos que se detuviera.

Por fin, mi mami le jaló el brazo y mi papá dejó de golpearme con el cinturón.

—Ni a un animal lo hubieras golpeado de esta manera —le dijo.

Cuando todos salieron de mi cuarto, Mario entró. Se quedó mirándome, acurrucada sobre la cama.

—¿Por qué no dijiste "sí, señor", y ya? Hubiera sido más fácil para ti y para los demás.

No le contesté. Simplemente me metí debajo de las cobijas y cerré los ojos mientras lo escuchaba salir del cuarto. Comencé a repetir las tablas de multiplicar mentalmente, preguntándome hasta donde llegaría.

De repente, identifiqué un patrón interesante en los números. El producto de cinco multiplicado por cualquier número es la mitad de ese número con un punto decimal hacia la derecha. Cinco por ocho son cuarenta y la mitad de ocho es cuatro. Mueve el punto decimal y añade un cero, y el resultado es cuarenta. Sin importar qué número usaba, el resultado siempre seguía ese patrón.

Cuando Laura entró para acostarse, yo estaba absorta en los números, tranquila y concentrada. Me había olvidado de mi papá. Casi completamente. Mantuve los ojos cerrados porque no quería hablar con Laura ni con mi mami, pero seguí jugando con los números en mi cabeza hasta quedarme dormida.

Al día siguiente, salí de la casa temprano. Mi papá ya

se había ido a trabajar, y yo no quería encontrarme con los demás, incluida mi mami. En la escuela, busqué a mi maestro de álgebra, Mr. Agnew, y compartí mi descubrimiento con él. El señor Agnew me mostró otros trucos matemáticos, pero a mí me seguía fascinando la simplicidad del número cinco. Tal y como me pasó cuando estaba aprendiendo a contar en inglés, me di cuenta de que me sentía feliz y absorta cuando me concentraba en los números. Al final de un día difícil, resolver problemas matemáticos en mi mente me resultaba relajante.

Aún no sabía cómo mejorar mi relación con mi papá, pero me empeñé en tratar con respeto a mi maestra de inglés y mis calificaciones en esa materia mejoraron poco a poco. La mayor parte del tiempo, evitaba a mi padre y me enfocaba en mis trabajos escolares, mis amigas y la banda. Luego, en esa primavera, mi papá ganó su demanda contra el gobierno de Estados Unidos. Un juez dictaminó que los gerentes de White Sands no le habían suministrado suficiente material de seguridad, lo cual había puesto en riesgo su salud. Le dieron un cheque por una gran suma a manera de compensación.

Mis padres no tenían ahorros. Usaron el dinero de la

demanda para construir un nuevo cuarto, con todo y chimenea, en la parte trasera de la casa. Allí pusieron la máquina de coser y el televisor. Seis personas y un perro vivíamos en nuestra pequeña casa, así que el nuevo cuarto nos vino muy bien.

Mi papá estaba muy contento porque había ganado el caso. El día que el juez falló a su favor, mi padre nos llevó a todos a cenar al restaurante A&W y después nos llevó en el carro a dar un paseo por el pueblo. Estaba muy amable y atento. Poco a poco, comencé a sentirme más cómoda a su lado. Y recordé una promesa que me había hecho a mí misma.

Después de nuestro viaje a la Ciudad de México, cuando estaba en sexto grado, me prometí a mí misma que encontraría la manera de usar mis experiencias como Girl Scout para ayudar a mi familia a planificar el futuro y mantener seguras nuestra casa y otras pertenencias. Ahora que las tensiones en casa se estaban aliviando, tenía tiempo para pensar en ello. Decidí que había llegado el momento de pensar qué hacer para cumplir mi promesa. El lema de las Girl Scouts era "Siempre listas" y eso era lo que me proponía hacer.

Yo tenía la sensación de que mi papá y mi mami nunca iban a ahorrar mucho. Tampoco iban a hacerle el mantenimiento básico al carro ni a la casa. Yo estaba ahorrando dinero, pero me daba cuenta de que los padres de mis amigas tenían ciertas rutinas que mis padres no tenían. Ahora que estaba en secundaria, me avergonzaba cuando nuestro carro se averiaba porque nuestra familia no había tomado medidas para evitarlo. El problema es que yo todavía era una niña. No sabía por dónde comenzar.

Un día, casi al final de octavo grado, vi un aviso de prensa sobre una clase gratuita de mantenimiento de carros para mujeres. Estaba claro que yo todavía no era una mujer, ¡pero después de que nos quedamos varados en el desierto, era necesario que yo aprendiera sobre carros! Me fui en bicicleta hasta la dirección que se daba en el periódico, que era en un concesionario, una tienda donde vendían carros nuevos y usados. Adentro, había un grupo de mujeres sentadas en unas sillas plegables.

El dueño del establecimiento era quien dictaba la clase.

—¿Dónde está tu madre? —me preguntó—. ¿Viene más tarde?

—No —dije, sacudiendo la cabeza—. Vine sola.

El señor se mostró sorprendido.

—¿Manejas? —fue su siguiente pregunta.

Por supuesto que yo no manejaba. Tan solo tenía trece años. De nuevo sacudí la cabeza y le dije que, de todas maneras, quería aprender sobre el mantenimiento de los carros.

Él asintió cuando le dije eso, creyendo quizás que yo era una niña campesina. Había muchas granjas en los alrededores de Las Cruces, y en esas familias era común que los niños manejaran desde pequeños, como parte de las labores con las que tenían que ayudar en la granja. Luego, me advirtió que tenía que ser muy cuidadosa para no terminar lesionada. Después, señaló una silla vacía como indicándome que me sentara ahí, junto a las mujeres mayores.

—Señoras —comenzó la clase—. Estamos aquí para enseñarles a ensuciarse las manos y a mantener sus motores sobre ruedas.

No me parecía que yo fuera una "señora", pero lo escuché atentamente mientras explicaba el mecanismo básico de un motor de combustión y su funcionamiento. Después, nos pusimos overoles y nos turnamos para cambiar el filtro del aire y las bujías de un carro. Antes de que partiéramos, nos prometió que la siguiente semana aprenderíamos a cambiar el aceite.

Me sorprendió ver a las mujeres mayores tan entusiasmadas. Me imaginé que iban a protestar por tener que ponerse los feos overoles y ensuciarse. Algunas de ellas hicieron mala cara, pero luego una dijo:

—Saber estas cosas nos va a ahorrar mucho dinero. ¡Si mi esposo no lo hace, yo lo voy a hacer!

Las otras mujeres asintieron, y yo sonreí.

Cuando salí de la clase me sentí como me había sentido el día que aprendí a pasar las tijeras en mi primera reunión de Brownies. Había una manera correcta de cuidar los carros y yo podía aprender cómo, aunque aún no tuviera edad de manejar. Aunque mi mami creyera que el mantenimiento de los carros era un trabajo de hombres, no tenía por qué ser así. ¡Bastaba con preguntarles a mis compañeras de clase del concesionario de carros!

Otra noche, el instructor trajo un montón de manuales.

—Estos son manuales de mantenimiento —dijo.

Todas hojeamos los manuales mientras él señalaba los diagramas que mostraban dónde estaba cada parte del motor y las instrucciones para mantener el carro en forma.

—¿Dónde puedo conseguir un manual? —le pregunté.

—Mira en la guantera de tu carro —dijo—. La gente suele guardarlos ahí.

Volé a casa en mi bicicleta Western Flyer verde, impulsada por mis conocimientos recién adquiridos. Salté de mi bicicleta sobre el pasto del frente de la casa y abrí la puerta del pasajero de nuestro Pontiac. Abrí la guantera y ahí estaba el grueso manual del propietario. Era evidente que nadie lo había abierto ni mucho menos leído. En el manual estaba el programa de mantenimiento, tal y como el instructor había dicho.

—Los carros no tienen por qué averiarse —nos había explicado—. Háganle a tiempo el mantenimiento normal, y el carro funcionará bien por mucho tiempo.

Me llevé el manual a mi cuarto y lo leí completo.

A partir de entonces y hasta que me fui a la universidad, mantuve nuestro carro en su programación de mantenimiento. Cada pocos meses, le cambiaba el aceite. Con mi propio dinero compré bases para carros y levantaba el nuestro con un gato hidráulico para montarlo en las bases. Desatornillaba el tapón del drenaje del aceite con una llave y ponía a vaciar el aceite dentro de una cubeta de plástico. Mientras el depósito se desocupaba, revisaba el filtro del aire y el nivel del agua del radiador. Cuando volvía a atornillar el tapón del drenaje, me aseguraba de apretarlo bien para que el aceite no goteara. Después de que comencé a hacer todo esto, jamás nos volvimos a varar por una correa rota ni nada parecido.

Sucedió tal cual como las Girl Scouts me habían enseñado: si estás siempre lista, tendrás el control de tu vida. Los carros y las calderas no tienen por qué averiarse y la gente no tiene por qué quedarse varada en el desierto.

CAPÍTULO 16

Hacia la preparatoria a redoble de tambor

No sé por qué elegí los tambores. Todos sabían que me encantaba la música fuerte, rimbombante y vigorosa de Herb Alpert & The Tijuana Brass, por eso cuando me llegó la oportunidad de entrar a la banda en séptimo grado, mi familia creía que yo iba a elegir la trompeta. Pero había algo en los instrumentos de percusión que me atraía. No tenía tambores en casa, pero practicaba en la escuela todo lo que podía. Y cuando estaba en casa, sacaba mis palillos y tocaba con ritmo sobre cualquier superficie.

Para tocar bien los tambores, hay que contar, y eso era algo que yo sabía hacer muy bien. Yo le marcaba el ritmo a toda la banda contando los tiempos en mi cabeza. Me encantaba la sensación que eso me producía.

Toqué los tambores en la banda durante toda la secundaria, y en noveno grado participé en una competencia estatal de música para estudiantes de preparatoria. Me dejaron participar ya que en algunos distritos escolares noveno era parte de la preparatoria, aunque para nosotros era un nivel de la secundaria. Ensayé un solo de timbales, "Carmen Miranda", con acompañamiento de piano, y el día de mi audición toqué con dramatismo y sin cometer ni un solo error.

Un par de días después, el director de la escuela me llamó a su oficina. Me dijo que yo había ganado el premio a la mejor interpretación solista de percusión, y se lo anunció a toda la escuela por el altavoz. Fui la primera estudiante de secundaria en ganar en esa competencia estatal para escuelas preparatorias.

La noticia no pareció emocionar mucho a mis padres. Mi relación con mi papá no andaba bien, pero por lo menos lográbamos mantener cierta distancia; nos ignorábamos mutuamente, en lugar de enfrentarnos. Mi papá no apoyaba mucho mi interés por la banda. A veces "olvidaba" que yo tenía un concierto y se retrasaba en llegar con el carro, haciéndome llegar tarde. Yo pasaba vergüenza con mis amigas y mi mami se enojaba, pero mi papá volvía a hacerlo.

Mis padres se alegraron cuando supieron del premio, pero no entendían muy bien por qué los tambores eran tan importantes para mí ni lo que el premio significaba. Para mi mami, la música era melodía y canción. Pero a mí me encantaba ser la cronometradora, dividir los momentos musicales en golpecitos para marcarle el ritmo a toda la banda.

Mario trató de decirles lo importante que era el premio.

—Es algo muy grande —les dijo—. Deberían estar orgullosos.

Algunos amigos de mis padres que nos visitaron también trataron de explicarles, pero no creo que mis padres hayan llegado a comprender el verdadero significado que esa victoria tenía para mí. Nadie iba a alegrarse por mi logro tanto como yo. Y yo, de hecho, estaba muy feliz.

Ganar esa competencia significaba que al entrar a la preparatoria, en décimo grado, me convertiría automáticamente en percusionista principal. En aquella época, a muy pocas niñas las animaban a tocar instrumentos de percusión. Cuando lo hacían, les daban instrumentos melódicos, como el xilófono o el *glockenspiel*, nunca tambores ni timbales. Pero eso a mí no me importaba. Había ganado mi puesto en la banda y eso me encantaba. Y me encantaba tocar los tambores.

Ese año, toqué la caja en la banda de marcha y los timbales en la orquesta. Luego, en aquella primavera, la escuela recibió un juego de timbales para la banda de marcha. Se trataba de tres tambores que el percusionista cargaba con la ayuda de un arnés que se abrochaba en la espalda. ¡Su sonido era fuerte!

Dado que yo era la percusionista principal, supuse que tocaría esos timbales ese otoño en la banda de marcha. Sin embargo, cuando se lo mencioné al director de la banda, Mr. Ramsey, dijo que eran muy pesados para mí. Pesaban entre treinta y treinta y cinco libras, un tercio de mi propio peso. Yo era una niña y él no quería correr el riesgo de que me lesionara mientras tocaba los timbales.

Yo no podía aceptar esa respuesta. Yo era una niña y sin embargo le hacía el mantenimiento al carro, estaba sacando buenas calificaciones en matemáticas y en ciencias y tenía planeado ir a la universidad. Yo iba a tocar los timbales en el otoño, y tenía que encontrar la manera de convencer al director de la banda de que era capaz de hacerlo.

En lugar de discutir, ideé un plan. A los pocos días, comenzaron las vacaciones de verano. Al día siguiente, fui en bicicleta hasta la escuela preparatoria y me dirigí a la parte de atrás, al campo de fútbol americano. Era junio y el sol me pegaba con todo, pero yo llevaba un pesado abrigo y había metido pesas en los bolsillos. Había llevado más pesas en la canasta de mi bicicleta: piezas de metal y piedras pesadas que había encontrado alrededor de mi casa y por el patio. Entonces, marché por la pista, cargando las pesas en mis brazos, decidida a desarrollar los músculos de mis piernas, brazos y espalda.

Al cabo de una hora, estaba acalorada, sudorosa y agotada. Pero al otro día lo volví a hacer, y también al día siguiente. Marché por la pista durante una hora todos los días de ese verano. Mario me llamó "rara" por entrenar de esa manera. Al final de agosto, yo ya estaba lista.

El primer día de clases busqué al director musical en el salón de la banda y le dije que quería tocar los timbales en la banda de marcha. El señor Ramsey comenzó a protestar, y le dije que le iba a demostrar en ese mismo instante que yo era capaz de hacerlo.

El arnés de los timbales se abrochaba con una correa ancha que iba en las caderas y otra que iba en los hombros. Pude levantar los timbales y ponerlos en el arnés con facilidad. Me di cuenta de que había adquirido fuerza durante el verano.

Cuando uno marcha con los timbales durante el intermedio de un partido de fútbol, tiene que detenerse en cada línea de marcación y dar un paso hacia atrás. Para lograrlo, hay que tener músculos fuertes, especialmente en las piernas.

Salimos y fuimos a la cancha de fútbol americano, donde los jugadores estaban calentando. Me colgué los timbales y comencé a marchar sobre las líneas, hacia arriba y hacia abajo, volteando, girando y retrocediendo, mientras tocaba los timbales. Todo mi esfuerzo del verano había valido la pena: casi no sentí el peso de los tambores.

Al cabo de unos minutos, el señor Ramsey sacudió la cabeza.

—Está bien. Puedes tocar los timbales —dijo—, pero se van a enojar conmigo por dejar que una niña cargue estos pesados tambores.

Me dijo que me iba a poner en el puesto de los timbales al comienzo, pero me advirtió que si veía que yo no podía con ellos, me reemplazaría de inmediato. Y puso a uno de los muchachos más altos y grandes de la banda, que tocaba el flautín, el instrumento más pequeño, a marchar junto a mí por si yo me caía.

Yo, por supuesto, nunca me caí ni necesité ayuda con los timbales. Me aseguré de que eso no me sucediera (claro, después de que logré aprender a manejarlos). Eran muy grandes y voluminosos. Si me giraba muy rápidamente, podía golpear a alguien.

Una vez que aprendí a moverme con los timbales colgados, esos tambores me dieron tremendo poder. Con ellos se puede controlar toda la banda, y hasta controlar el estadio entero, iniciando ovaciones. Con un redoble se puede atraer la atención de todos. ¡Me encantaba tocar los timbales! No siempre podía controlar lo que sucedía en casa; pero, con la música, yo tenía el control.

Incluso desde antes de entrar a la escuela preparatoria, ya sentía que dos mundos diferentes me jalaban: el hogar y la escuela, el español y el inglés, lo tradicional y lo moderno.

En casa, hablábamos en español y vivíamos en una cultura en la que las niñas, como yo, respetaban a sus padres, aprendían a ser amas de casa y estaban preparadas para casarse al poco tiempo de graduarse de la preparatoria. Cuando veía a mis viejas amigas de la Escuela Primaria Bradley, que seguían viviendo en el mismo vecindario, las escuchaba platicar sobre los muchachos que les gustaban y de muchachas mayores que se habían casado. Llevaban vestidos bonitos y hablaban sobre peinados y maquillaje. Esperaban ansiosas su fiesta de quinceañera y casi nunca hablaban de la escuela.

Esas amigas me importaban. Al fin y al cabo, las conocía de toda la vida. A veces las veía en las reuniones del grupo de adolescentes de nuestra iglesia, que mi mami coordinaba. Sin embargo, cuando llegué a la secundaria, comencé a sentirme rara y nerda junto a ellas. Como nos habíamos ido de la calle Griggs a otro vecindario hacía tantos años atrás, estaba acostumbrada a moverme en un mundo en el que la mayoría de la gente que veía a diario eran angloamericanos, no mexicanos.

Las familias de las niñas que conocí a partir de segundo grado, cuando entré a la Escuela Primaria Alameda, no eran tan tradicionalistas como la mía. Aun así, la mayoría de ellas no pensaba ir a la universidad. Muchas de mis amigas de Girl Scouts, incluso, tampoco tenían planes de ir a la universidad. No fue sino hasta que entré a la secundaria que conocí niñas nerdas como yo, a quienes les gustaban las matemáticas y les parecía divertido llegar a tener un empleo y ganarse la vida. Me recordaban a las niñas que a veces veía en la televisión, que vivían aventuras. Me gustaba tener amigas que pensaran como yo, y su seguridad reforzaba la mía.

Durante mis años en la preparatoria, fui progresando de manera continua hacia mi meta de ir a la universidad. Trabajaba en lo que fuera cuando podía y ahorraba lo que ganaba. Tenía buenas calificaciones y dinero en el banco, y todavía tenía presentes las palabras de mi maestra de cuarto grado cuando le dije que quería ir a la Universidad de Stanford: "Eres una niña inteligente. Si quieres ir, podrás lograrlo". Ahora, estaba concentrada en mi trabajo escolar y me gustaba dominar nuevos conceptos e ideas y mostrar lo que era capaz de hacer.

Durante la secundaria y la preparatoria, seguía pasando tiempo con mi familia, pero solía tener muchas tareas.

A veces, los fines de semana, había fiesta latina en el parque. Toda mi familia iba, y se suponía que yo debía ir con ellos, aunque tuviera tareas. La fiesta solía durar varias horas, pero al cabo de un rato mi mami me dejaba sentar en el carro a leer. A veces mi papá se quejaba y decía que mi lugar era con la familia, pero mi mami siempre me apoyaba.

Cuando yo estaba en undécimo grado, Mario se fue de la casa. Lo aceptaron en la academia militar de West Point, que estaba muy lejos, en Nueva York. Y mientras él se acostumbraba a su vida de cadete, yo seguía en guerra con mi papá.

Con los años, mi papá fue dejando que mi mami tomara todas las decisiones cotidianas relacionadas con nuestra crianza. Le importaba que sacáramos buenas calificaciones en la escuela, pero les ponía más atención a Mario y a Armando que a Laura y a mí. Como valoraba mucho la educación, me animó a ir a la universidad, pero, al mismo tiempo, parecía esperar que me casara cuando me graduara de la preparatoria, como la mayoría de las mujeres lo hacían. Y como si eso no fuera suficiente, también esperaba que al cumplir quince tuviera mi fiesta de quinceañera.

Las otras niñas mexicanas que conocía llevaban ya varios años pensando en su quinceañera. Con esta fiesta se celebraba el paso de niña a mujer. La muchacha se ponía un vestido blanco, parecido al de una novia, joyas, maquillaje y un peinado elegante. Era "presentada en sociedad" del brazo de un joven respetable, y se esperaba que bailara y pasara un rato maravilloso.

Mi papá sabía que yo estaba más interesada en sacar buenas calificaciones y en planificar mi ingreso a la universidad que en conseguir marido. De todas maneras, pensaba que yo debía tener mi quinceañera. Yo no pensaba igual. Hasta ahora, me identificaba más con el mundo de la escuela, la universidad y los logros académicos, aunque conocía a algunas mujeres casadas, como mi tía Alma, una maestra, que había ido a la universidad y había tenido buenos empleos.

En mi cabeza, yo era una niña nerda que lanzaba cohetes en el desierto y soñaba con caminar sobre los verdes prados ubicados entre los edificios de techos rojos y arcos de color crema de la Universidad de Stanford. Para mí, la fiesta de quinceañera representaba un mundo tradicional que no tenía mucho que ver conmigo. Mi padre y yo discutíamos sobre estas cosas y yo me refugiaba en mi cuarto y resolvía problemas matemáticos para calmarme. Luego trataba de encontrar una manera de pasar por encima de las objeciones de mi papá.

Mientras tanto, al terminar su primer semestre de universidad, mi hermano mayor regresó a casa en Navidad con suntuosos regalos para todos.

A mi papá le dio unos pantalones de molesquín de L.L.Bean. Mi papá se los ponía con tanta frecuencia que mi madre decía que eran su segunda piel. A mi mami, Mario le dio una hermosa capa de lana de alpaca. A ella le encantaba ponérsela en el invierno.

A mí me regaló unos zapatos deportivos de cuero de verdad marca Puma. Me quedé muda cuando abrí la caja. Eran del tipo de zapatos que usaban los atletas profesionales. Nunca le había dicho a mi hermano lo importantes que eran los deportes para mí, pero parecía que de alguna manera lo sabía.

Mario y yo competíamos mucho de niños. Con los años, aprendí a ignorar sus burlas. Mi hermano nunca me dejó olvidar aquella vez en que les puse demasiada sal a las galletas de mantequilla de cacahuate, cuando estaba trabajando para ganarme la insignia de Cocina de las Girl Scouts. Y muchas veces discutíamos por otras cosas. Pero eso no era todo: crecí en un hogar y en una cultura en la que los niños tenían todas las ventajas; las cosas se le daban fáciles a Mario, mientras que yo tenía que encontrar la manera de obtener lo que quería. Mi familia me amaba; pero no me comprendía. Con frecuencia me sentía como una extraña en mi propia casa.

Aquella mañana de Navidad, mientras sostenía ese regalo tan excepcional, entendí que ya no tenía que competir con Mario. Mi hermano estaba de mi lado. Mario estaba descubriendo muchas cosas nuevas en West Point y quería compartirlas con nosotros. Es más: el primer cheque que hizo en su vida fue para enviarme a mí setenta y cinco dólares. Quería una mejor vida para mí.

Al final, con la ayuda de mi mami, se me ocurrió algo para resolver el asunto de mi quinceañera. Mi madre hubiera preferido que yo fuera una hija más apegada a las tradiciones, pero me apoyó cuando dije que no quería una fiesta. En lugar de la fiesta, para apaciguar a mi papá, mi mami me compró un vestido morado. Me hizo maquillar y me mandó a hacer un peinado elegante, y consiguió a un fotógrafo profesional para que me tomara una foto. Esa foto se la di a mi padre. Más le valía que se sintiera orgulloso de mí porque eso era todo lo que yo estaba dispuesta a hacer.

Con los timabales en la banda de marcha

Una fotografía para mi papá

CAPÍTULO 17

En contra de las expectativas

Aunque mi papá esperaba que yo me casara, tanto él como mi mami querían que Mario y yo fuéramos a la universidad. Sin embargo, no tenían dinero para pagárnosla. El año en que terminé décimo grado, Mario se graduó de la preparatoria. Que hubiera sido aceptado en West Point significaba que el Ejército de Estados Unidos se haría cargo de pagar su educación. A mí no me interesaba entrar al ejército, además ni en West Point ni en ninguna otra academia militar del país aceptaban mujeres. Yo sabía que iba a tener que encontrar la manera de pagar yo misma mi universidad.

A lo largo de los años, desde que abrí mi cuenta de

ahorros con los ocho dólares que había ahorrado en mi alcancía de gato, mis fondos habían aumentado de manera significativa. No tenía todo lo que costaba una carrera universitaria, pero tenía un par de miles de dólares; una fortuna en aquellos días. Era algo.

Había pasado mucho tiempo desde que lo único con lo que contaba era con las monedas que me encontraba entre los cojines del sofá o el cambio abandonado en los teléfonos públicos. El dinero que ahora depositaba en mi cuenta de ahorros me lo ganaba trabajando. Durante el verano, entre décimo y undécimo grado, mi amiga Cynthia y yo trabajamos como árbitras de béisbol. Yo también me conseguí un trabajo organizando el inventario de una tienda.

Pero eso no era todo. Cuando Cynthia y yo teníamos tiempo libre, recorríamos Las Cruces en bicicleta recolectando latas de aluminio. En la tienda de abarrotes nos pagaban diez centavos por cada tres latas que lleváramos. Muy pronto descubrimos cuáles eran los mejores parques para recoger latas, especialmente después del fin de semana, cuando el suelo quedaba lleno de latas de refresco y cerveza. Yo depositaba todo el dinero que ganaba en mi cuenta de ahorros. Cynthia y yo estábamos decididas a ir a la universidad y solíamos comparar nuestros apuntes sobre el aumento en los fondos de nuestras cuentas de ahorro.

Entre mis actividades para ganar dinero, el trabajo escolar, la banda y mis amigas, tenía una vida bastante atareada. Además, a pesar de no haber pertenecido por años a una tropa de Girl Scouts, solía ayudar a mi madre con las actividades de la tropa de Laura. Me encantaba ayudar a Laura y a sus amigas a ganarse algunas de las insignias que yo me había ganado cuando estaba en Juniors. Dominar cada paso del proceso les tomaba más tiempo del que les había tomado a las niñas de mi tropa, pero al final aprendían que podían hacerlo, igual que nosotras. Laura se sentía especialmente orgullosa de la insignia de Cocina, así como de los espaguetis que hizo para toda la familia.

Cuando Laura cosía una insignia en su banda, era como cualquier otra Girl Scout. ¡No se sentía diferente!

Yo también trataba de sacar tiempo para Armando. Era un niño lleno de energía y juguetón, y le encantaba corretear, igual que a mí cuando tenía su edad. Juntos, practicábamos tiros en la cancha de baloncesto que yo misma había hecho a la entrada de la casa. Con los años, descubrí el béisbol y me encantaba lanzar la pelota contra un muro de hormigón, parándola y devolviéndola al rebotar. Armando y yo jugábamos a atrapar la pelota, desafiándonos el uno al otro a lanzarla más fuerte o más alto cada vez, o simplemente a atraparla y devolverla en nuestro patio.

Armando tenía otro talento que me parecía genial. Era todavía muy pequeño cuando se dio cuenta de que sus juguetes favoritos, los camiones Tonka, se vendían rebajados después de la Navidad, a precios que nuestros padres podían pagar. Entonces, le decía a mi mami que no quería recibir sus regalos el día de Navidad. Le pedía, en cambio, que fueran de compras al día siguiente, y así podía comprar uno de los camiones más caros. Aunque nos burláramos porque no había regalos para él debajo del árbol, Armando siempre se mantenía firme; y el 26 de diciembre, él y mi madre se iban de compras a la juguetería. Me maravillaba ver su capacidad para prever y limitarse.

Cuando mi padre ganó su demanda y mis padres contaban con dinero extra, le dieron a Armando un triciclo Big Wheel para la Navidad, además de su adorado camión Tonka. Lo que nos sorprendió ese año fue que Laura se enamoró del triciclo de Armando. Nos fascinada ver la alegría con la que montaba el triciclo por la casa y afuera. Nos reíamos tanto que hasta a mi estoico padre le rodaban las lágrimas por las mejillas de verla correr en el triciclo, deleitándose con la atención que le poníamos todos.

Cuando llegué a duodécimo grado, llevaba ya varios años en la banda. Me encantaba tocar los timbales en la banda de marcha y todos los años audicionaba para la banda estatal y me aceptaban.

Ese otoño, audicioné como de costumbre para la banda estatal. Cuál no sería mi sorpresa cuando anunciaron a los estudiantes seleccionados y mi nombre no estaba en la lista. No había pasado. Me quedé anonadada. Estaba tan segura de que iba a pasar, como todos los otros años, que me quedé con el corazón destrozado.

Me pasé ese fin de semana sentada frente a la chimenea leyendo un libro enorme sobre carreras universitarias que había sacado de la biblioteca, tratando de no pensar en mis amigos de la banda estatal que faltarían a la escuela la próxima semana para asistir a los ensayos para el gran concierto. Ese viernes, como sabía que mis amigos estarían en Albuquerque, preparándose para el gran concierto, me levanté sin ganas de ir a la escuela.

Me quedé en casa, sentada con mi libro de carreras universitarias, concentradísima, tratando de mantenerme distraída para no pensar en mis amigos y lo bien lo que estarían pasando en el concierto estatal. Me había encantado el proceso de obtener mi insignia de Ciencias de Girl Scouts, y también diseñar y construir mi propio tablero de baloncesto. Me gustaban las matemáticas y era buena con los números. Sabía que quería estudiar una carrera en la que se usaran las matemáticas y las ciencias. También me interesaba la ingeniería.

Leí acerca de diferentes especialidades de la ingeniería: civil, mecánica y eléctrica. Luego llegué a la ingeniería industrial. La describían como una mezcla de personas y procesos; sistemas y la manera como la gente trabaja con ellos. Se requería una facilidad especial para las matemáticas, que yo creía tener. Me gustaba trabajar con la gente y sabía hacerlo, por haber observado a mi mami con Laura y por mi trabajo en mis tropas de Girl Scouts. Era organizada y sabía planificar, gracias a las Girl Scouts.

¡Podía ser ingeniera industrial!

Busqué universidades que tuvieran programas de ingeniería industrial. Muchas universidades tenían escuelas de ingeniería, pero muy pocas ofrecían ingeniería industrial. Me sorprendió ver que la Universidad Estatal de Nuevo México tenía un programa ahí mismo en Las Cruces. No descarté mi sueño de ir a Stanford, solo pensé que por lo menos podía aprender más sobre ingeniería cerca de mi casa.

En el libro estaba el nombre del decano y su número de teléfono. Inmediatamente llamé e hice una cita para ese viernes por la mañana. Había sacado mi licencia de manejar hacía apenas unos meses, así que tomé prestado el carro de la familia y manejé hasta la universidad. Mi papá estaba trabajando y mi mami no me preguntó adónde iba.

Al decano le sorprendió que yo supiera sobre la ingeniería industrial. Una de las primeras preguntas que me hizo fue acerca de mis calificaciones. Afortunadamente le pude responder que tenía A en todas las materias y que era una de las diez mejores estudiantes de mi clase.

—Está bien, pero eres una muchacha. ¿Estás segura de que quieres ser ingeniera? —me preguntó.

Su pregunta me sorprendió. ¿Por qué no iba a querer ser ingeniera por el simple hecho de ser muchacha? Le conté lo que había aprendido sobre la ingeniería industrial y le expliqué por qué estaba interesada en esa carrera.

Cuando el decano se dio cuenta de que yo había hecho una investigación juiciosa sobre su campo de estudio, me comenzó a platicar acerca de la ingeniería industrial.

—La ingeniería industrial mejora la vida de la gente —dijo.

Eso me sonó muy bien. Salí de su oficina muy entusiasmada respecto a mis planes para la universidad.

El hecho de que hubiera elegido un campo de estudio no significaba que estuviera lista para entrar a la universidad. Primero, tenía que ver cómo iba a pagar mi matrícula. Me di cuenta de que, a pesar de que había incrementado los fondos de mi cuenta de ahorros, la universidad costaba mucho más de lo que yo iba a tener ahorrado al momento de graduarme de la preparatoria. El decano me dijo que la Universidad Estatal de Nuevo México tenía una beca de cuatro años para ingenieros, y yo llené la solicitud, que incluía documentos con preguntas sobre mi educación en matemáticas y ciencias.

Después de enviar la solicitud, recibí una llamada de la dirección de mi escuela preparatoria. Dos ingenieros iban a ir a mi escuela a entrevistarme porque yo era una muchacha. Querían comprobar que en realidad había sido

yo quien había llenado los documentos para la beca. Esperaban recibir solicitudes solo de muchachos, así que querían
saber si mis intenciones de ser ingeniera eran serias, de la
misma manera que lo esperaban de un muchacho. Temían
que yo fuera a recibir la prestigiosa beca para luego casarme
y abandonar los estudios.

Los dos ingenieros eran hombres, por supuesto, y uno
de ellos no se sentía muy contento de estar entrevistando a
una muchacha.

—¿Cómo sabes que eres capaz de ser ingeniera? Dame
un ejemplo.

—Sé hacerle el mantenimiento a un carro —dije,
agradecida de que el decano me hubiera platicado acerca del
programa de ingeniería y sobre lo que era el trabajo de un
ingeniero—. Sé cambiar el aceite de nuestro carro.

—Dime, paso a paso, cómo lo haces— dijo el hombre,
desafiándome—. Explícamelo.

Se lo expliqué. Cuando terminé, él me dijo:

—Seguramente has visto a tu padre o a tu hermano
hacerlo.

Yo me reí. Le dije que mi padre nunca había cambiado
el aceite de nuestros carros, pues ni siquiera sabía cómo

hacerlo. Luego les platiqué a esos dos ingenieros acerca de lo mucho que me gustaban las matemáticas y cómo en el proceso de ganarme insignias de Girl Scouts había aprendido a ser organizada y a prepararme para resolver problemas. Les conté incluso todos los problemas que tuve con las insignias de Ciencias y de Cocina y cómo los había solucionado uno por uno.

Al final, supongo que los convencí. Uno de ellos me dijo cuando se iban:

—Tú representas el cambio.

Me dijo que creía que yo podría llegar a ser una buena ingeniera; pero también me hizo una advertencia:

—El cambio solo por el cambio no es progreso.

No entendí muy bien lo que quiso decir. ¡Yo pensaba que dejar a las mujeres estudiar ingeniería definitivamente era progresar! Sin embargo, nunca se me olvidó lo que dijo, porque, aunque estuviera escéptico, estaba dispuesto a darme la oportunidad.

Todavía soñaba con estudiar en Stanford, pero era demasiado lejos, y yo sabía que mis ahorros estaban muy lejos de ser suficientes. Y, aunque era una de las mejores de mi clase y estaba orgullosa de mis raíces mexicanas, no conocía a ninguna otra niña entre las amistades de mi familia o de la iglesia que también quisiera ser ingeniera. Tanto en mi escuela como en mi casa, a todo el mundo le parecía bueno que quisiera ir a la universidad, pero nadie me estaba proporcionando una ayuda real. Tuve que enfrentar la verdad: no podía costearme una universidad como Stanford.

Había llegado la hora de tener la mira puesta en universidades que estuvieran a mi alcance. Iba a necesitar toda la ayuda financiera que pudiera obtener. Y para pagar los gastos que no cubriría mi beca, continué llenando mis arcas.

Y entonces, un día del invierno de mi último año en la preparatoria, sonó el teléfono a la media noche. Mi madre contestó y al momento pegó un grito y estalló en llanto. Cuando logró hablar, nos dio la terrible noticia de que su madre, la abuelita Leonor, había fallecido.

Mi abuelita estaba visitando a una de mis tías en Los Ángeles. Tenía un catarro que se había convertido en neumonía. Llamó a mi tía y le dijo que sentía que no iba a poder recuperarse y que necesitaba que llamara a la iglesia para que el pastor fuera a verla. Luego cerró los ojos. Mi tía llamó a los paramédicos y al pastor, pero ya era demasiado tarde. Cuando llegó la ambulancia, mi abuelita ya había muerto.

Mi mami estaba desconsolada por la muerte de su madre. Yo no conocía a esta abuela tan bien como a mi abuelita Leonor, la madre de mi padre, que vivía en Las Cruces. Sin embargo, me sorprendió sentir tanta tristeza. Mi abuela siempre había sido amable conmigo. Me hacía mis galletas favoritas cuando íbamos a México a visitarla. Me costaba creer que no iba a volver a verla.

Como mi abuelita Leonor tenía sobrepeso, nos dijeron que iba a ser costoso llevar su cuerpo a su hogar. Se necesitaba un ataúd especial, que era muy caro.

Sin duda alguna, mi familia iba a tener que hacer lo que fuera para darle a mi abuelita un entierro apropiado. En aquellos días, mis padres aún no tenían muchos ahorros. Ni siquiera tenían una tarjeta de crédito, y sacar un préstamo de un banco era muy difícil. Necesitábamos dinero en efectivo.

En mi familia se esperaba que si alguno tenía un problema, entre todos contribuyéramos para ayudar a solucionarlo. Yo tenía una cuenta de ahorros, y quería que mi abuela tuviera lo que necesitaba. Solo había una cosa que yo podía hacer.

Mis padres tenían que manejar a Los Ángeles para organizar el funeral, pero primero mi papá me llevó al banco para que estuviéramos en la puerta en el momento en que abrieran. Saqué todo lo que tenía en mi cuenta y le di mis ahorros a mi familia.

Me sentía desilusionada, pero no enojada. La familia era lo primero. Así había sido siempre y así será.

"Está bien", pensé. "No me voy a rendir".

Mis padres partieron a su largo viaje a Los Ángeles. Me quedé en casa cuidando a Laura y a Armando, con la ayuda de los vecinos. Ese fin de semana decidí que me dedicaría a mis estudios con más esmero todavía para mantener mis calificaciones altas, y asegurar así una beca.

Busqué información sobre ayuda financiera y envié solicitudes para todos los programas que encontré. Al final me otorgaron la beca para la cual me habían entrevistado al comienzo. Cubría cuatro años en la Universidad Estatal de Nuevo México y pasantías todos los veranos en los Laboratorios Nacionales Sandía, un importante laboratorio de defensa en Albuquerque. Yo estaba feliz, aunque todavía deseaba haber encontrado la manera de ir a Stanford. Sin embargo, me sentía orgullosa de saber que esos dos ingenieros que me entrevistaron habían decidido que yo era una buena candidata para su programa. Me había ganado su respeto y me habían dado la oportunidad de asistir a la universidad.

Pero eso no fue todo. Como yo tenía un buen historial de rendimiento académico, al final terminé recibiendo más becas de las que en realidad necesitaba. Sin embargo, no me quedé con ellas. Mi madre me hizo devolverlas todas.

—No puedes ser codiciosa. Ya tienes suficiente—me dijo—. Ese dinero representa la oportunidad para otros niños.

Ese dinero me hubiera venido bien, pero cuando nos enteramos de que me habían aprobado la beca completa, mi mami no me permitió aceptar el resto.

De manera que comencé la universidad con el dinero justo que necesitaba, ni un centavo más.

No me había dado cuenta de lo que mucho que me gustaba participar en la preparación de la comida para Navidad, hasta que terminé mi primer semestre de universidad.

Estaba agotada, después de los exámenes finales, pero esa mañana en casa, mi mami me despertó diciendo que me necesitaban para hacer los tamales. Sentí el olor de la salsa de chile rojo, y un cálido sentimiento de pertenencia inundó mi ser.

Al finalizar mis primeras vacaciones de la universidad, yo tenía en la mira una nueva meta. Cuando todavía estaba en la preparatoria, se había aprobado Título IX, una ley que obligaba a escuelas y universidades a ofrecer oportunidades educativas equitativas para las niñas, incluyendo los equipos deportivos. Yo ya había terminado la preparatoria cuando mi escuela por fin creó un equipo de baloncesto femenino. Yo había tenido que jugar y practicar por mi cuenta porque me encantaba el baloncesto.

Sin embargo, al poco tiempo de entrar a la universidad, vi un aviso que anunciaba una sesión de pruebas para el equipo de baloncesto femenino. Sentí que mi sueño se estaba haciendo realidad. A la hora indicada, me presenté en el gimnasio con mi ropa deportiva y mi mejor par de zapatillas. Cuando vi a otras muchachas que llevaban uniforme de baloncesto, con pantalonetas y camisetas marcadas con nombres de equipos, me di cuenta de que, al contrario de lo que me había pasado a mí, ellas seguramente habían jugado en equipos formales en la preparatoria. Por un instante me pregunté cómo iba a ser capaz de competir con ellas, pero estaba decidida a intentarlo.

Una mujer rubia que llevaba un silbato colgado al cuello repartió formas para llenar en tablillas con sujeta-papeles. Era la entrenadora Fey, la entrenadora principal. Revisé la forma que me entregó y sin dificultad llené las líneas donde pedían mi nombre, mi dirección y el programa de la universidad en el que estaba. Luego vino la parte difícil.

¿Cuáles eran mis estadísticas promedio? Vi espacios para puntos, rebotes, bolas robadas y minutos por juego. Había un espacio para premios y reconocimientos. Yo no tenía nada que poner. Le devolví a la entrenadora Fey la forma casi en blanco y ella sacudió la cabeza.

¿Sería capaz de no dejarme hacer la prueba solo porque no tuve la oportunidad en la preparatoria de jugar en un equipo?

—Nunca fallo una dejadita, entrenadora Fey —dije con seguridad.

Ella se quedó mirándome por un rato, fijándose en el

hecho de que, además de mi falta de experiencia competitiva, era mucho más baja que las otras muchachas. Luego, inclinó la cabeza señalando la cancha.

—Está bien, puedes hacer la prueba —dijo.

Yo sonreí mientras corría hacia la cancha.

Al final, comparada con otras muchachas que tenían más experiencia, yo no era precisamente una jugadora estrella, pero logré entrar al equipo de la universidad. Casi siempre estaba en la banca, sentada en el borde de la cancha viendo jugar a las mejores; pero no me importaba. Los entrenamientos eran difíciles y retadores, pero me encantaban. Me encantaba ser por fin parte de un equipo, e incluso llegué a hacer viajes con ellas.

En los juegos propiamente dichos, por lo general solo tocaba la pelota en el calentamiento. Una noche, sin embargo, la entrenadora volteó a mirar hacia la banca y me hizo la señal de que entrara al juego. Me emocioné mucho. Al poco tiempo, jugando de defensa, logré recuperar la pelota y avanzar a lo largo de la cancha para hacer una dejadita. ¡Todas las muchachas del equipo se alegraron de que la "calientabanca" hubiera anotado! En el siguiente tiempo muerto, la entrenadora Fey me felicitó.

—Se lo dije, entrenadora. Nunca fallo una dejadita —le contesté.

Sentí que ese juego era la culminación de todos esos domingos a la entrada de mi casa, lanzando hasta completar cien dejaditas antes de entrar a ver *The Wonderful World of Disney*. En esos días jamás pensé que llegaría a jugar en un equipo, pero me esforcé, de todos modos, porque me encantaba el baloncesto.

Al final de mi segundo semestre descubrí que, si bien me fascinaba jugar baloncesto, mis clases de ingeniería me gustaban mucho más. Aunque fue por solo una temporada, me sentí agradecida de poder vivir en un contexto real mi pasión por el baloncesto. Al terminar esa temporada, sin embargo, me di cuenta de que mi camino estaba trazado en el aula, no en la cancha.

*La graduación de la secundaria con
me amiga Cynthia Schramm*

Yo trabajando en Tonopah Test Range, Nevada, 1975

CAPÍTULO 18

Mi trabajo como ingeniera astronáutica y mi sueño de ir a Stanford

El viaje en carro más largo que hice sola con mi papá fue antes de mi primer año de la universidad, cuando me llevó a hacer mi pasantía de verano en los Laboratorios Nacionales Sandía, en Albuquerque, Nuevo México.

Mi papá y yo habíamos chocado muchas veces a lo largo de los años. Aunque estaba orgulloso de mis logros, yo no encajaba bien en su idea tradicional de lo que debía ser una hija, y nunca iba a encajar. Mi papá no ocultaba su favoritismo hacia Mario y Armando, y con Laura era tierno y cariñoso. Pero no sabía cómo comportarse conmigo.

Hacia el final de mi preparatoria, mi papá se veía más contento con su trabajo. Luego de ganar la demanda, le habían otorgado un ascenso y habían comenzado a verlo como un experto en el manejo de materiales de riesgo biológico. En casa ya no discutíamos tan acaloradamente como antes.

Sin embargo, mi padre y yo casi nunca pasábamos tiempo juntos solos. Antes del viaje, me sentí un poco nerviosa. ¿De qué íbamos a platicar? No se me ocurrió entonces que quizás él también estaba nervioso.

El viaje de cuatro horas de Las Cruces a Albuquerque fue probablemente el mejor tiempo que he compartido con mi padre. Él hablo durante todo el camino, pero me dio muy buenos consejos sobre el trabajo en un laboratorio, ya que él tenía experiencia en ello.

Ambos sabíamos que lo más probable era que yo sería la única mujer en el laboratorio. En aquel tiempo no había muchas mujeres trabajando en el campo de la ciencia ni de la ingeniería. Yo estaba decidida a tener éxito, pero tanto mi papá como yo sabíamos que me iba a encontrar con gente que desaprobaría mi trabajo, y él quería prevenirme sobre lo que podía suceder.

Mi papá quería prepararme para enfrentar las novatadas, que me pusieran a hacer búsquedas inútiles o que me gastaran bromas tontas. Él sabía que a todos los recién llegados les hacían bromas, y que a mí me iban a hacer más por el hecho de ser mujer. Me dio muchos consejos, en forma de monólogo, porque así era como él platicaba.

Me dijo que nunca me quejara, sin importar cuáles fueran las condiciones de trabajo. Me advirtió que no me enojara, aunque mis compañeros se empeñaran en provocarme. Me dijo que los hombres que trabajaban en oficinas no estaban acostumbrados a tratar con muchachas interesadas en matemáticas y ciencias. Yo no solo tendría que hacer mi trabajo de manera impecable, sino que además tendría que demostrarles que nada de lo que dijeran en mi presencia me iba a molestar. Por ser mujer y por ser mexicoamericana, me iban a juzgar con criterios más rigurosos.

Yo agradecí sus consejos, pero estaba perpleja. Mi papá nunca antes me había hablado de esa manera. Nunca se había tomado conmigo el trabajo que se tomaba con Mario. Era como si me estuviera viendo por primera vez, no como la niña que no accedía a tener una fiesta de quinceañera, sino como quien *yo* era en realidad.

Al final, me alegré de que mi papá me hubiera dado todos esos consejos. En mi primera reunión en el laboratorio, me llevaron a un salón lleno de ingenieros sentados alrededor de una mesa. Ni siquiera me dieron un lugar para sentarme. Mi papá me había dicho que buscara la manera de colaborar y de facilitar el trabajo de los demás, así que disimulé mi disgusto.

Durante mi primer verano, trabajé en pruebas de campo de cohetes. Nunca antes habían tenido a una ingeniera, así que en el laboratorio de pruebas no había un baño para mujeres. Yo tenía que usar los baños del edificio donde trabajaban las secretarias, así que tenía que planificar muy bien mis descansos para alcanzar a ir y volver. Llevé una bicicleta para poder movilizarme más rápido entre los edificios. ¡Tenía que estar bien organizada! Finalmente me dieron un baño portátil, con un letrero que decía "De ella".

Tampoco me sorprendió que no hubiera un overol de ingeniero de mi talla. Esos overoles eran prendas grandes y pesadas, diseñadas para hombres. Hombres grandes. Usé cinta adhesiva plateada, de plomería, para ajustar el pantalón y las mangas de los brazos a mi cuerpo; lo mismo los guantes, para que no se me salieran. El laboratorio tuvo que hacer un pedido especial de botas Red Wing, con puntas de acero, como las que usaban los demás ingenieros, pues no venían en tallas de mujeres.

Me sorprendió darme cuenta de que nada de esto me molestaba. Eran obstáculos que había que sortear, pero no tenían nada que ver con labores de ingeniería, que me encantaban. Después de todo, había lanzado cohetes Estes para ganarme la insignia de Ciencias de Girl Scouts. Ahora estaba trabajando con la realidad. ¡Encontrar la manera de ajustar el overol para que me sirviera, era solo un pequeño problema que tenía que resolver para poder regresar a hacer el trabajo de una ingeniera!

En mi segundo semestre, me pusieron a trabajar en diseño y dibujo. Hoy en día, los ingenieros usan las computadoras para hacer este trabajo, pero entonces teníamos que dibujar los modelos a mano. Durante mi tercer semestre, trabajé en el laboratorio, y durante el cuarto año aprendí acerca del factor humano relacionado con la ingeniería. Mi análisis sobre el seguimiento de envíos de materiales radioactivos en Estados Unidos se incluyó en una presentación para el Congreso.

Cuando me gradué de la universidad, mi jefe les escribió una hermosa nota a mis padres agradeciéndoles por el buen trabajo que habían hecho durante mi crianza. En la nota decía que jóvenes como yo le daban confianza en el futuro, porque sabía que el mundo quedaría en buenas manos. Mis padres se sintieron muy orgullosos. Sin embargo, a esa altura de mi vida, yo sabía que lo más importante era que yo me sintiera orgullosa de mí misma.

Mirando hacia atrás, me sorprende haber podido trabajar como ingeniera astronáutica ya que, en aquel entonces, era muy raro que las mujeres tuviéramos ese tipo de oportunidades. Una de las razones por las cuales tuve éxito fue que no les tenía miedo a las matemáticas.

Para poder resolver los complicados problemas matemáticos con los que se trabaja en la ingeniería astronáutica es necesario entender de algoritmos (problemas de varios pasos) a un alto nivel. En mis días en la preparatoria y en la universidad, muy pocos estudiantes, especialmente chicas, llegaban a estudiar cálculo, las matemáticas avanzadas que constituyen una de las primeras etapas en la educación de un ingeniero. Los problemas de cálculo son complicados y muchos estudiantes se sienten intimidados frente a ellos. Pero cuando yo encontraba la manera de resolver uno, me invadía una maravillosa sensación de logro.

De alguna manera, creo que comencé a prepararme para ser ingeniera astronáutica en aquellos días en que contaba en inglés y en español mientras estudiaba a solas las lecciones aprendidas con la hermana Díaz. Me gustaban las matemáticas y los números desde antes de aprender a leer, incluso antes de poder hablar algunas palabras en inglés.

Y en la secundaria, cuando tomé álgebra en lugar de economía del hogar, sin saberlo, también me estaba preparando para mi carrera. En ese momento era cierto que yo no quería crecer para convertirme en ama de casa. Afortunadamente, me gustaba resolver problemas matemáticos.

Al terminar la universidad, armada con mi diploma en ingeniería industrial, me enteré de que había una vacante para un puesto de ingeniero en el Laboratorio de Propulsión a Chorro (JPL, por sus siglas en inglés), en Pasadena, California. Gracias a la experiencia obtenida durante mis pasantías de verano en los laboratorios Sandía, me contrataron.

El primer programa en el que trabajé se llamaba Polar

Solar/Investigación Solar (SPSP, por sus siglas en inglés). Trata de repetir cinco veces rápido el nombre en inglés: *"Solar Polar/Solar Probe"*. Me contrataron para ayudar a determinar la carga útil y los equipos de pruebas que podría cargar un satélite enviado al Sol. ¿Cómo funcionarían los equipos bajo el intenso calor generado cerca del Sol? ¿Cómo reaccionarían ante la radiación? ¿De qué manera su peso afectaría a la cantidad de combustible que debería llevar el cohete? Para responder todas estas preguntas, yo tendría que crear complejos algoritmos (problemas verbales muy difíciles) y luego tendría que resolverlos usando las matemáticas.

Toma mucho, mucho tiempo, lanzar una nueva expedición espacial. La investigación solar en la que yo iba a trabajar no iba a estar lista para llevarse a cabo antes de unos treinta años, es decir, hacia el año 2018.

Mientras tanto, después de un tiempo, me asignaron otro proyecto en JPL: el vuelo de reconocimiento del Voyager 2 sobre Júpiter. Se trataba de un programa a largo plazo, que aún continúa funcionando, y que consiste en enviar naves espaciales automatizadas a sobrevolar diferentes planetas para grabar información y enviarla a la Tierra. La nave espacial Voyager estaba transmitiendo imágenes y datos asombrosos, y JPL necesitaba ingenieros que analizaran el material.

En aquel tiempo, en nuestros escritorios no teníamos computadoras personales con los programas que se necesitaban para hacer esos análisis. Esas computadoras y esos programas no se habían inventado todavía. En su lugar, se les asignaba a jóvenes ingenieros el trabajo de identificar variables en los datos que llegaban de Júpiter. Luego escribíamos los programas que servían para que las enormes computadoras centrales que existían entonces procesaran toda la nueva información. Era un proyecto muy emocionante, ya que podíamos sentarnos en la cafetería a ver las imágenes del lejano planeta y sus lunas que se transmitían desde la nave espacial Voyager.

A través de mis años de universidad y de trabajo como ingeniera astronáutica, no había olvidado mi sueño de ir a Stanford. Siendo estudiante en la Universidad Estatal de Nuevo México, tuve el honor de que me propusieran ingresar a la sociedad de honor de ingeniería, Tau Beta Pi. Incluso me llegaron a elegir como presidenta de la sociedad. Yo deseaba tener un cargo de liderazgo porque mi compromiso con la ingeniería era muy fuerte y quería apoyar a otros estudiantes que habían elegido la misma carrera. Mi candidatura no era del agrado de todos los estudiantes, pero me esforcé y gané las elecciones, convirtiéndome en la primera mujer presidente de mi capítulo. Pensé, y todavía lo creo, que mi experiencia con las insignias de Girl Scout, la venta de galletas y el trabajo en equipo con las otras niñas de mi tropa me dieron la confianza para ser líder.

Después de mi graduación, si bien estaba emocionada con mi empleo en el Laboratorio de Propulsión a Chorro, también me interesaba hacer un posgrado. Presenté los exámenes de admisión que se requerían para estudios de posgrado y envié mi solicitud al programa de posgrado de ingeniería de la Universidad de Stanford. Al poco tiempo recibí por correo la carta de felicitaciones: ¡me habían aceptado! Ahora todo lo que tenía que hacer era buscar la manera de pagar mis estudios.

Entonces, sucedió algo que todavía me parece un milagro. Yo había estado buscando becas que cubrieran los costos de estudios de posgrado, pero no había tenido suerte. Una tarde sonó el teléfono, y la voz de un hombre preguntó si yo era Sylvia Acevedo. Luego dijo:

—Soy el doctor Howard Adams del Consorcio Nacional GEM. Queremos ofrecerle una beca para cubrir los costos de sus estudios de posgrado en Stanford.

Me explicó que el Consorcio GEM (Consorcio Nacional para Títulos de Posgrado de Ingeniería y Ciencias para Minorías) pagaba la educación de grupos con escasa representación para posgrados en los campos de ciencia, tecnología, ingeniería y matemáticas (STEM, por sus siglas en inglés). Me di cuenta de que posiblemente habían obtenido mi nombre en la escuela de posgrado de Stanford. El hecho de ser una latina joven, estudiante de ingeniería, me convertía en una candidata perfecta para el programa de GEM. El doctor Adams había usado el término en inglés *"fellowship"* al referirse a la beca. Yo no sabía que así se llama la ayuda financiera para estudios de posgrado. Estaba buscando *"scholarship"*, ¡por eso era que no había podido encontrar nada!

Ese día, por teléfono, Howard Adams explicó de esta manera la labor de su organización:

—No te conocemos personalmente, pero sabemos que representas una promesa.

Quería decir que cuando gente como yo (mujeres y

minorías con escasa representación) trabajaba en las áreas de STEM, no solo se beneficiaban las compañías que nos emplearan, sino que la sociedad como un todo se fortalecía. Yo le creí y eso me ayudó a creer en mí misma.

La beca de GEM también representaba una promesa personal: significaba que el sueño de ir a Stanford, que había abrigado desde niña, se iba a hacer realidad.

En Stanford tuve el privilegio de estudiar ingeniería industrial y de sistemas usando informática en los albores de la era de las computadoras. Muchas cosas estaban cambiando rápidamente desde aquellos días en que las computadoras eran unas enormes unidades centrales que ocupaban todo un cuarto enorme. En aquel entonces, para usar un programa, uno tenía que perforar tarjetas, montones de tarjetas, que luego se metían en la computadora. Una vez que se montaba el programa, los resultados se imprimían en hojas de papel rayado verde y blanco.

La mayoría de la gente, especialmente los ciudadanos comunes y corrientes, no tenían acceso a las computadoras en aquel tiempo. Fui estudiante de posgrado de ingeniería al comienzo de una época en la que las computadoras se estaban rediseñando para ser más pequeñas, portátiles y personales. Fue muchos años antes de que la Internet fuera de uso corriente. Stanford estaba en una zona que después se llegó a conocer como el Valle de Silicio. Era el epicentro de la revolución informática que comenzaba a transformar nuestra sociedad.

La Universidad de Stanford era como la había soñado y, al mismo tiempo, no se parecía en nada al lugar de mis sueños. Las instalaciones lucían tal y como las había visto en la fotografía de mi clase de cuarto grado, muchos años atrás. Sin embargo, yo era de una de las pocas mujeres y uno de los poquísimos latinos que había en la escuela de posgrado de ingeniería. Los otros estudiantes venían de las mejores universidades del mundo. Varios de mis compañeros de clase habían sido seleccionados personalmente por altos funcionarios de sus gobiernos para representar a sus países en Stanford. Por primera vez, me sentí intimidada.

Solo había una salida: tendría que esforzarme más que nunca. Y así lo hice.

De cierta manera, nunca me había ido de casa hasta que llegué a Stanford. Al terminar mi primer año en la Universidad Estatal de Nuevo México, dejé la residencia para

estudiantes y regresé a casa; comencé a desplazarme diaria-
mente para asistir a clases. Sentía que todavía tenía la responsabilidad de ayudar a criar a mis hermanos menores,
como cualquier hija de una familia tradicional mexicana.
Ahora, sin embargo, iba a vivir en California por lo menos
por un año, y ya sabía que después de recibir mi título de
posgrado, no regresaría a casa. Para encontrar trabajo en las
áreas que me interesaban, era casi seguro que tendría que
alejarme de Las Cruces y de mi familia. Iba a extrañarlos,
pero quería saber lo que era capaz de lograr.

También sabía que no iba a despedirme de mi familia
por el hecho de no estar viviendo en casa. Después de todo,
mi madre también había dejado a su familia, pero no se
había olvidado de ellos. Todos eran todavía una parte importante de nuestra vida. Siempre iba a sentir la fuerza que
me jalaba hacia mi familia en Nuevo México y siempre iba a
querer estar cerca de ellos.

Después de que me aceptaron en Stanford, mi papá siempre
alardeaba sobre mí con cualquiera que lo escuchara. Si alguien hacía algún comentario sobre el escudo de la universidad en su taza de café, mi papá le decía:

—¿Sabías que tengo una hija que estudia en Stanford?

En mi presencia jamás reconocía lo orgulloso que estaba de mí. Hubiera preferido una hija que celebrara una fiesta de quinceañera de verdad, que se convirtiera en madre y esposa, y que nunca soñara con un trabajo fuera de su casa. Esa no era yo; pero al final, mi papá se sentía orgulloso de la hija que tenía.

Mi mami también estaba orgullosa de mí, pero de una manera diferente. Como no había crecido en Estados Unidos y nunca había recibido una educación tradicional, el prestigio de una institución en particular le importaba menos que a mi padre. Mientras me educara, a ella le daba lo mismo si iba a la Universidad Estatal de Nuevo México o a la Universidad de Stanford. Sin importar cuáles eran mis logros, lo que siempre me preguntaba era: "¿Eres feliz?". Al final me di cuenta de que mi mami hacía la única pregunta que en realidad importa.

En mi graduación de Stanford

EPÍLOGO

A mis lectores...

Anoche miré por la ventana y vi una hermosa luna llena sobre los altos edificios de la ciudad de Nueva York. Era la misma luna que brillaba sobre las calles sin pavimentar de nuestro vecindario de Las Cruces, en mi primera excursión de Girl Scouts, en el desierto que rodeaba los Laboratorios Nacionales Sandía y sobre los impecables prados de Stanford.

Como la luna, ustedes me han acompañado en este viaje en el que he revivido mis primeros años. Disfruté mucho mis reflexiones acerca de mi niñez y la manera como mi familia y mi cultura influyeron en mi formación; algunas veces, incluso, como resultado de mi empeño en desafiar esa cultura.

De pequeña, cuando pensaba en mi futuro, me veía haciendo cosas interesantes y viviendo aventuras. Desde aquella aula improvisada de la hermana Díaz en la Primera Iglesia Bautista, hasta mis días en el programa de Head Start y los muchos maestros maravillosos que conocí en la escuela, aprendí a amar el saber y todavía hoy lo disfruto.

Gracias a las Girl Scouts y a mis familiares y amigos que me ayudaron a lo largo del camino, aprendí a crear oportunidades para mi vida. Mi familia no tenía dinero, pero descubrí que si me esforzaba y luchaba por educarme, se me seguirían presentando nuevas posibilidades. Gracias a mis padres, a mis hermanos y a mi hermana, aprendí lo importante que son la familia y velar por el bienestar de otros.

También me dio fortaleza el ejemplo de mis heroínas, mujeres sobre quienes había leído en mi niñez, como Clara Barton, Eleanor Roosevelt, Florence Nightingale, Amelia Earhart y Helen Keller. De ellas aprendí que todos, tanto los ricos como los pobres, luchamos contra la adversidad. También aprendí que todos necesitamos ayuda alguna vez. Recibí mucha ayuda a lo largo del camino y eso me enseñó la manera de asumir la responsabilidad por mi propia vida. Cada uno es responsable de su destino y, con la ayuda de otros, podemos alcanzar el éxito si planificamos bien y nos esforzamos.

Hay otra fuente de inspiración sin la cual no puedo vivir: ¡ustedes! Me encanta hablar con grupos de jóvenes. Me impresionan constantemente su energía, su pasión por mejorar el mundo y sus historias.

Alrededor del año 2005, alguien que estaba revisando los archivos de Stanford me pidió una entrevista. Fui una de las primeras (y de las pocas) personas de ascendencia latina en recibir un diploma de posgrado de ingeniería en Stanford. Me preguntaron cómo había sido posible que una mujer latina estuviera preparada para trabajar con los conceptos avanzados de matemáticas y ciencias que exigía el nivel de posgrado de Stanford. Y también cómo me había enterado yo de la existencia de Stanford, cuando esa universidad no buscaba estudiantes en Las Cruces en aquel entonces.

A medida que fui respondiendo las preguntas de mi entrevistador, recordé una vez más cuánta de mi experiencia se derivó de las Girl Scouts. El aprender las similitudes entre cocina y ciencia, mientras trabajaba en mis insignias de Girl Scouts, me dio la experiencia y la seguridad para luchar por lo que me interesaba, aunque no coincidiera con los intereses de la mayoría de las niñas. Cuando me hicieron esta entrevista me di cuenta, por primera vez, que mi amor por la lectura, que nació durante mis días en Head Start, junto con la curiosidad, el amor a la ciencia y la seguridad que cultivé con las Girl Scouts, habían marcado una gran diferencia en mi vida. Aquellas vivencias de mi niñez transformaron todo.

Me sentí tan agradecida por esa entrevista y por lo que me hizo ver, que desde entonces me convertí en una apasionada defensora de la educación infantil y de las Girl Scouts. Con el tiempo, mi trabajo en el campo de la educación me llevó a participar como comisionada de la Iniciativa de la Casa Blanca por la Excelencia en la Educación de los Hispanos, en la cual dirigí el subcomité de Educación Inicial.

Después conocí a la exgobernadora de Texas, Ann Richards, quien supo de mi interés en las Girl Scouts y me nominó para la junta directiva nacional de Girl Scouts de Estados Unidos. Para entonces, mis padres y mi hermana habían fallecido, pero mis hermanos, Mario y Armando, y yo quedamos extasiados, ya que conocíamos el enorme impacto que Girl Scouts había tenido en nuestra familia. Girl Scouts me había dado tanto, y ahora yo podía darle algo a cambio a la organización.

Trabajé en la junta directiva nacional durante ocho años, y después me propusieron tomar la dirección ejecutiva de Girl Scouts de Estados Unidos. Es un sueño hecho realidad, desde el desierto de Nuevo México hasta los rascacielos de la ciudad de Nueva York.

Deseo que la historia de mi vida les sirva de prueba de que los sueños se pueden hacer realidad, y que los inspire a crear sus propias oportunidades y aventuras. Tengan la valentía de trabajar para mejorar el mundo, ¡y yo los estaré vitoreando a lo largo del camino! Gracias.

Con cariño,
Sylvia

El presidenté Obama y yo

(foto oficial de la Casa Blanca por Chuck Kennedy)

COMENTARIO SOBRE
LAS GIRL SCOUTS
DE AYER Y DE HOY

Las lectoras de esta historia que son Girl Scouts probablemente habrán notado que mis experiencias como Girl Scout de hace unos cincuenta años son diferentes a las suyas en algunos aspectos. Cuando ingresé a las Brownies, a las niñas por lo general no nos dejaban usar pantalones en la escuela, por eso mis uniformes de Brownie y Junior incluían vestido o falda. No existían las Daisies. Las Brownies eran el primer nivel de las Girl Scouts. Además, solo se podían ganar insignias a partir de Juniors. Hasta las galletas que vendemos ahora son diferentes, ya que los sabores se han modificado con el paso de los años.

Otros detalles de la vida de las Girl Scouts han cambiado. En mis tiempos, no había insignias de ciencias para las Juniors. Por eso, cuando mi líder de tropa vio mi interés en las ciencias, me sugirió que considerara una insignia de Cadette. En la actualidad, Girl Scouts ha dado prioridad a las materias STEM (ciencias, tecnología, ingeniería y matemáticas) y existen insignias relacionadas con estas áreas en todos los niveles.

La promesa que recitábamos las Brownies era diferente a la de las Girl Scouts mayores. Hoy, en todos los niveles se recita la misma promesa. La redacción, tanto de la Promesa como de la Ley de Girl Scouts, ha cambiado a lo largo del tiempo, pero todas las Girl Scouts, a través de nuestra historia, han jurado regirse por leyes que incluyen la honestidad, la colaboración, el respeto por los demás y la hermandad con las otras Girl Scouts.

Las Girl Scouts han recorrido un largo camino desde 1912, cuando Juliette Gordon Low formó la primera tropa de dieciocho niñas, fundando así una organización cuya misión es preparar a las jovencitas a enfrentar el mundo con valentía, seguridad y carácter. Mi historia es solo un ejemplo de las muchas millones de niñas que han encontrado en las Girl Scouts comunidad, aventura y propósito.

Cuando los adultos me preguntan qué pueden hacer para que sus hijas tengan las mismas oportunidades increíbles de las que yo he gozado en mi vida, siempre los animo a inscribirlas en Girl Scouts. Las niñas pueden ingresar a la organización a cualquier edad entre los cinco y los dieciocho, y tan solo unos pocos años pueden tener un gran impacto en su vida. Tanto las niñas como sus familias y comunidades, todos se benefician de su participación en Girl Scouts.

www.girlscouts.org.

También disponible en español www.girlscouts.org/es.html.

AGRADECIMIENTOS

Recuerdo exactamente el día en que nació la idea de escribir este libro. Fue en Austin, Texas, en un evento de Mujeres Distinguidas de Girl Scouts del Centro de Texas, para el cual me pidieron dar el discurso principal. Decidí hablar desde el fondo de mi corazón sobre lo que Girl Scouts había significado para mí y para mi familia. Girl Scouts apareció como un rayo de luz cuando la tragedia oscureció nuestra vida. Ese día hablé sobre mis líderes de tropa, quienes notaron mi interés en la ciencia, me ayudaron a fijar metas a través de la venta de galletas y me enseñaron a crear oportunidades. Hablé acerca de la manera en que Girl Scouts cambió mi vida y también la de mi hermana y mi madre. El entusiasmo que despertó en mi audiencia aquel discurso me dio el valor de contar mi historia.

Tuve el privilegio de contar con el apoyo de amables y generosos mentores que vieron que mi historia tenía el potencial de servir de inspiración para las nuevas generaciones. La doctora Nora Comstock, una líder comunitaria, y Adriana Domínguez, mi agente literaria, se convirtieron en mis guías indispensables a lo largo de este viaje.

Mis colegas y amigos Carissa Ara, Christin Alvarado, Marissa Limon y Doyle Valdez escucharon de manera diligente tantas versiones de este relato, tanto en Austin como en otros lugares del país, que ellos mismos podrían contarlo. Sin embargo, nunca perdieron el interés ni flaquearon en su deseo de ayudarme. Mi amiga Gail Collins, que me ha incluido en dos de sus libros (*Everything Changed* y *As Texas Goes*) también le ofreció aliento y consejos vitales a esta autora novata.

Ningún libro es un viaje en solitario, y yo he recibido la ayuda de muchos, incluyendo a mi talentosa coautora Ruth Katcher, quien transformó lo que yo había escrito y lo recompuso de manera brillante para que transmitiera sentimientos, especialmente la angustia adolescente, a través de un relato convincente.

Mis hermanos, Armando y Mario, y mi tía Angélica contestaron con paciencia todas mis preguntas históricas, desempolvando sus recuerdos de acontecimientos que sucedieron en nuestra familia hacer muchos años. Mis padres y mi hermana menor ya fallecieron, así que tuve que apoyarme en gran medida en Mario, mi hermano mayor, quien es un autor publicado y minuciosamente editó y corrigió el texto y me dio sus consejos. Las correcciones de matices que hizo tanto en inglés como en español mi prima Cathy Barba mejoraron la narración. Siento una enorme gratitud hacia mis numerosos parientes, tanto del lado de mi madre como del de mi padre, que viven aquí en Estados Unidos y en México. Puedo sentir su cariño y apoyo.

Dos organizaciones, Head Start y Girl Scouts, respondieron con amabilidad mis numerosas preguntas sobre el funcionamiento de sus programas en los años sesenta, proporcionándome detalles que desde mi percepción infantil jamás noté. Yasmina Vinci, Directora Ejecutiva de Head

Start, se convirtió en una partidaria incondicional durante este viaje al brindarme muchas oportunidades de compartir mi historia con familias y empleados de Head Start, quienes se convirtieron en una fuente invaluable de retroalimentación y sugerencias. Empeñadas en suministrarnos la información correcta sobre las insignias, los programas, los uniformes, los manuales y las galletas, Diane Russo y Yevgeniya Gribov, de Girl Scouts de Estados Unidos, se entregaron de manera obstinada a la búsqueda de información histórica. Me siento agradecida con mis colegas de Girl Scouts que me han brindado tanto apoyo.

En Clarion Books, Susan Buckheit realizó una labor de corrección de estilo atenta y cuidadosa. Me siento agradecida con todo el equipo de Clarion, incluyendo a Dinah Stevenson, Lisa DiSarro, Amanda Acevedo, Alia Almeida, Veronica Wasserman, Tara Shanahan, Andrea Miller y Kiffin Steurer, por la dedicación y pasión con la que trabajaron para hacer de esta obra el mejor libro posible y por ponerlo en manos de los lectores. También le agradezco a Isabel Mendoza por su experiencia y meticulosidad al realizar la traducción al español. Y me siento especialmente afortunada por haber contado con Anne Hoppe como editora de este proyecto: su entusiasmo es contagioso y su perspicacia editorial resultó transformadora.

El cariño y la fe de mis amigos y de mi familia en el sentido más amplio, que habita en varios lugares del país, especialmente en mis patrias chicas, Las Cruces, Menlo Park, Austin, Nueva York y Santa Bárbara, han sido mi pilar y mi apoyo. Ustedes, queridos familiares y amigos, escucharon con paciencia mis relatos y continuamente me ofrecieron su aliento.

La doctora Janet Osimo ha hecho posible todo lo demás. Gracias.

Yo como Brownie

Yo como directora ejecutiva de Girl Scouts de Estados Unidos